KB142872

# SNS
## 마케팅
### 한 방에
### 따라잡기

# SNS 마케팅 한 방에 따라잡기

정진수 지음

비즈니스맵

대한민국 제19대 대통령선거는 77.2%라는 투표율을 기록하며 역사의 한 장을 장식했다. 국민의 80.7%가 투표했다는 1997년 대선 이후 20년 만에 최고치라고 한다. 일주일이 넘게 이어진 연휴 때문에 투표율이 저조하지 않을까 우려하는 목소리도 있었다. 그러나 온 나라를 떠들썩하게 했던 사건들로 조기 대선을 치러야 하는 상황에서 국민들 사이에 뜨거운 논쟁이 끊이질 않았고, 덕분에 예정보다 일찍 치러진 장미대선에 대한 관심과 참여가 자연스레 높아졌다.

물론 한 나라의 대표를 뽑는 선거에 사람들의 이목이 집중되는 것이 당연하지만, 단지 그러한 표면적인 이유 때문에 투표율이 높았다면 애초에 낮은 투표율을 크게 걱정하지는 않았을 것이다.

그렇다면 지난 대선에서 투표율이 높았던 다른 이유가 있었을까?

지금부터 풀어놓고자 하는 이야기의 힌트를 먼저 살짝 공개하자면, 잠깐 시간을 거꾸로 돌려 여러분이 선거일에 했던 어떤 행동을 떠올려보길 바란다. 사전 투표를 했건 선거 당일에 투표를 했건, 여러분 중 많은 사람들이 투표소 앞에 도착해서 바로 특정 행동을 했을 것이다. 이제 기억이 나는가. 그래도 기억이 나지 않는 분들은 자신의 휴대폰을 열어 사진첩을 뒤져보라. 분명 투표소 앞에서 찍은 인증샷이 있을 것이다. 그리고 그 인증샷은 소셜네트워크서비스(Social Network Service, 이하 SNS)를 통해서, 단체 채팅창을 통해서, 소셜 게시판을 통해서 자신의 친구들, 그리고 불특정 다수의 사람들에게 퍼져 나갔을 것이다.

이처럼 SNS는 부지불식간에 우리 생활에, 나아가 우리 사회에 필수적인 커뮤니케이션 수단으로 자리 잡았고, 늘 함께 하는 친구이자 생활의 필수품이 되었다. 그만큼 SNS는 강력한 파급력과 영향력을 갖고 있으며, 우리가 미처 생각지도 못하는 곳에서도 어느새 우리의 생활을 주도하고 있다. SNS 서비스는 아니지만 최근 모바일 서비스를 시작한 '카카오뱅크'가 영업 개시 5일 만에 가입자 100만 명을 넘어설 정도로 돌풍을 일으켰다고 한다. 카카오뱅크는 국내 최대 모바일 서비스인 카카오톡과 서비스가 연동되기에 앞으로 그 가입자 수는 더욱 빠르게 늘어날 것으로 예상된다. 이처럼 모바일 관련 서비스들이 기존 온라인, 오프라인 채널을 무너뜨리고 빠르게 그 자리를 대체하고 있다. 이러한 전반적인 상황을 재빠르게 인지하고 있는 기업과 개인 사업자들은 SNS를 통한 마케팅을 활용해 고객들과 끊임없이 소통하고 기업의 좋은 이미지를 쌓는 데 혈안이 되어 있다. 또한 브랜드나 제품 들이 어떻게 하면 잠재 고객들의 SNS 창에서 공유되고 회자될 수 있을지에 대해 밤낮으로 고민하는 중이다. 사업자뿐만이 아니다. 개인도 자기 PR을 위해 SNS를 활발하게 활용하고 있다. 내가 어디에 가고, 무엇을 먹고, 무엇을 입는지 SNS 채널에 게재함으로써 자신이 원하는 이미지를 만들어가기도 한다.

필자는 대한민국 최초의 인스타그램 마케팅 서적을 표방하며 출간했던 첫 책《인스타그램으로 SNS 마케팅을 선점하라》가 출판 시장의 어려운 상황 속에서도 선방하는 것을 보며, SNS마케팅에 대한 독자들의 뜨거운 관심과 인기를 실감할 수 있었다. 이러한 시대의 흐름 속에서 SNS를 마케팅에 활용할 것인가에 대한 의구심은 더 이상 의미가 없다. 이미 SNS는 우리의 일상, 소비, 인간관계, 사회생활 등 삶의 단면들을 지배하고 있으며, 숱한 신조어들을 만들어낼 만큼 새로운 문화의 첨병으로서 자리 잡아가고 있다.

이제 필자는 세 번째 책인 《SNS 마케팅 한 방에 따라잡기》를 통해 시야를 더욱 넓혀 각 SNS 채널들의 특장점들을 비교 분석할 수 있도록 SNS라는 세계로 여행을 떠나려고 한다. 여행을 떠나기에 앞서 어떤 나라를 갈 것인지, 그 나라에는 어떤 볼거리와 먹을거리가 있는지에 대한 사전지식이 필요할 것이다. 특히 그중에 대한민국에서 가장 많은 사람들이 사용하고 있는 SNS 채널인, 카카오스토리, 페이스북, 인스타그램, 블로그를 자세히 살펴보고자 한다.

대부분의 사람들이 SNS 마케팅이라고 하면 일단 무작정 계정부터 만들고, 어떻게든 될 것이라고 생각하는데, 이는 여권만 만들면 누군가 알아서 여행을 보내줄 것이라고 생각하는 것과 다를 바 없다. 따라서 이 책에서는 각 채널에 대한 분석과 더불어 마케팅 노하우에 대한 부분을 심도 있게 다루려고 한다. 무엇보다 직접 겪은 다양한 실전 경험을 바탕으로 현장에서 당장에 활용 가능한 생생한 지식을 전달할 것이다. SNS 마케팅을 몸소 활용해 보고자 자영업의 세계로 뛰어들었던 경험은 물론, 지난 6년간 브랜드컨설팅, 온라인마케터로서 쌓은 경험이 독자 여러분에게 도움이 되기를 진심으로 바란다.

필자가 강의할 때 종종 인용하는 공자의 말로 책의 서막을 시작해보려고 한다.

"들은 것은 잊어버리고, 본 것은 기억하고, 직접 해본 것은 이해한다."

4부  **SNS 대세! 인스타그램**

# 1부

## SNS를 하는 DNA는 따로 있다

# 01

# 지구상 가장 많은 사람들이 살고 있는 나라, SNS

## 인스타그램, 페이스북, 카카오스토리…
## 어떤 SNS를 선택하면 좋을까?

본격적인 시작에 앞서 퀴즈를 하나 풀어보자. 지구상에서 가장 많은 인구를 보유한 나라는 어디일까? 눈치가 빠른 독자라면 이번 장의 제목을 보고 정답을 추측했을 것이다. 바로 SNS라는 나라다. 그럼 SNS에서 가장 강력한 힘을 가진 도시는 어디일까? 사용자가 가장 많은 '네이버'일까? 아니면 음식 사진, 여행 사진, 감성 사진, 셀카 등 다양한 사진들이 끊임없이 업로드되는 '인스타그램'일까?

요즘 시대의 트렌드는 그 속도가 더욱 빨라져 하루아침에도 바뀌곤 한다. 특히 우리나라는 IT 강국이라는 애칭처럼 인터넷 환경 속에서 세계 어떤 나라보다도 빠르게 유행을 선도하는가 하면, 다음 유행으로 전환하는 속도도 매우 빠르다. 한국의 SNS 시조격이라 할 수 있는 싸이월드 미니홈피에서부터 블로그, 트위터, 페이스북, 인스타그램, 카톡, 밴드 등을 통해 사람들은 끊임없이 소통하고 콘텐츠를 공유하며 퍼나른다. 그런데 눈여겨볼 부분은 SNS 채널들의 기본 개념은 유사하더라도 특징은 제각각이라는 점이다.

## 사람들이 SNS를 사용하는 이유부터 파악하자

그럼 먼저 SNS의 기본적인 특징을 알기 위해 SNS를 사용하는 사람들의 기본적인 욕구를 살펴보자. 대부분의 사람들이 SNS를 아는 이미는 개인을 표현하고 싶거나 때로는 자신을 과시하고 싶기 때문이다. 그런가 하면 힘들고 지친 일상 속에서 위로받고 싶을 때에 SNS를 활용하기도 한다. 자신의 이야기를 풀어낼 뿐만 아니라, 타인의 일상을 감상하거나 생각에 공감하는 소통의 장으로도 활용하고 있다. 물론 '눈팅'(글을 업로드하거나 댓글, 좋아요 등을 누르지 않고 남의 글을 보기만 하는 행위)만 하는 사람도 있다. 이렇게 사람들은 저마다 다양한 이유로 SNS를 한다.

많은 사람들이 SNS를 생활의 일부로 받아들이는가 하면, 다른 한편에선 '사용하기에 불편하다', '사생활을 침해당한다' 면서 거부감을 드러내기도 한다. 하지만 더 이상 SNS가 싫다며 담을 쌓고 살 수만은 없다. 우리가 살고 있는 시대가 변했고, 사적으로든 업무 면에서든 그 흐름에 발맞춰야만 뒤처지지 않을 수 있다. 이제는 그 변화와 속도를 예측하고 빠르게 적응하여 그것에 대응하는 게 중요하다. 이 책을 보는 독자라면, 시대의 흐름에 발맞춰 열심히 준비하려는 분이라고 생각한다.

SNS가 처음 등장했을 때만 해도 지금과 같은 사회의 변화는 생각지도 못했을 것이다. 마크 저커버그도 처음에는 페이스북을 하버드대학교의 인맥 관리 사이트 용도로 제작했지만, 현재는 사용자가 20억 명이 넘는 거대한 미디어 앱으로 성장했다. SNS가 성장하는 만큼 그 속에서 다양하고 혁신적인 일들이 비일비재하게 일어난다. 튀니지의 재스민 혁명이 SNS와 미디어를 통해 전파를 타면서 '아랍의 봄'과 같은 혁명적인 사건의 계기가 되었는가 하면, 각자 다른 나라로 입양되어 서로의 존재를 모르고 있던 쌍둥이 자매가 SNS를 통해 만나게 된 따뜻한 사연이 〈트윈스터즈〉라는 다큐멘터리 영화로 제작되어 소개되기도 했다.

한편 SNS는 소비의 판단 기준을 바꾸는 장치로도 역할을 톡톡히 하고 있다. 사람들은 끝을 모르는 불경기 속에서 팍팍한 현실을 잊기 위해 작은 사치를 부리곤 한다. 평소 같으면 먹지 않을 비싼 디저트를 사먹거나 작은 액세서리나 생활용품들을 소비하며 이러한 모습들을 SNS에 자랑하듯이 올리는 것이다. 그런데 사람들이 서로가 올린 일상 이미지들을 들여다보다가 그 사진 안에서 자신이 몰랐던 제품들을 발견하고 이를 구매하면서 간접 홍보 효과가 발생하기도 한다. 오히려 TV, 라디오, 신문 등을 통한 기존 홍보 방식의 효과가 줄어들면서, SNS는 새로운 광고 채널로 더욱 각광받게 되었다.

이렇게 SNS가 대세적 흐름으로 자리 잡게 된 데에는 스마트폰의 공격적인 보급률이 한몫했다. 지금은 어른이나 아이 가릴 것 없이 이동 중에, 수업 중에, 식사 중에, 취침 전과 후에도 스마트폰을 사용한다. 만약 1세대 SNS라고 불렸던 싸이월드 등이 주름잡던 시기에 스마트폰이 지금처럼 보급되었다면 싸이월드가 그렇게 사라지지 않았을지도 모른다. 물론 당시의 SNS 환경에서는 제품의 구매가 일어나는 경우가 많지 않았고, 판매로 연결 지으려는 사람도 많지 않았다.

하지만 스마트폰이 우리의 손에서 떠날 줄을 모르고, 덕분에 SNS가 점점 생활밀접형으로 진화하면서 지구 반대편에 사는 사람들의 소비 생활까지도 간접 경험할 수 있게 되었다. 이런 분위기를 틈타서 판매자들은 꼭 제품의 판매로 이어지지 않더라도, 제품이나 브랜드를 홍보하기 위한 수단으로 SNS를 활용하기 시작했다. 구독료를 내야 하는 신문이나 잡지에 실리는 광고나 홍보 자료보다도 절대다수의 사람들이 보고 듣고 쓰고 퍼나르는 SNS를 주요 홍보 채널로 삼는 것이다. 분명한 것은 기존 매체들의 광고 도달률보다도 SNS의 광고 도달률이 훨씬 크고, 공유를 통해 콘텐츠의 확산이 빠르고, 한 번으로 끝나지 않고 계속적인 전파가 가능하다는 것이 큰 강점으로 작용한다.

이러한 SNS의 파급력은 우리 사회 곳곳에서 확인할 수 있다. 빠른 시간 안에 급속도로 정보를 전달하는 페이스북의 장점을 활용해 15년 전 미제 사건의 용의자를 검거한 사례는 SNS의 위력을 여실히 증명해준다. 당시 사건을 담당했던 경찰서에서는 사건의 공소시효가 다가오자 범인들의 얼굴이 찍힌 CCTV 영상을 페이스북을 통해 전파하기로 결정했다. 이후 SNS상에 용의자와 관련한 제보가 올라오기 시작하면서 결국 범인을 검거할 수 있었다.

## 각 SNS 채널별
## 활용법 이해하기

그렇다면 이처럼 정보 전달력과 홍보 효과가 보장된 SNS 채널을 이용해 어떻게 마케팅을 시작하면 좋을까? 우선 각 SNS 채널의 특징을 이해하고, 자신의 제품에 부합하는 채널을 찾아야 한다. 카카오스토리, 페이스북, 인스타그램, 블로그 등 각각의 채널을 주로 사용하는 타깃은 누구이며, 그들을 대상으로 하는 마케팅은 어떤 방식으로 이루어져야 하는지, 그들이 좋아하는 콘텐츠의 톤앤매너는 무엇인지를 구체적으로 정리하는 과정이 선행되어야 한다.

사실 필자가 강의를 할 때 늘 하는 이야기이지만, 좋은 콘텐츠가 있으면 팔로워는 저절로 늘어나게 되어 있다. 그런데 엄밀히 말해서 이 말은 절반은 맞고, 절반은 틀리다. 제 아무리 좋은 콘텐츠를 확보하고 있어도 콘텐츠를 보아줄 팔로워가 없다면 소용이 없다.

그러므로 자신의 콘텐츠를 보고 공감하고 공유해줄 팔로워를 확보하는 것은 SNS 마케팅의 기본 중의 기본이라 할 수 있다. 물론 광고비를 들여서 지속적인 노출을 꾀할 수는 있겠지만, 어떤 광고주가 소비자의 반응이 없는 광고를 계속 집행하려 하겠는가.

사실 SNS 콘텐츠의 확산을 위해서는 어느 정도 꼼수와 노가다가 필요하게 마련이다. 페이스북을 예로 들어보자. 페이스북에 접속했을 때 피드에는 어떤 기준으로 게시물이 올라오는 것일까?

우선적으로 페이스북은 나와 친구를 맺은 친구의 피드를 보여준다. 스크롤을 아무리 끝까지 내려도 나와 친구를 맺지 않은 사람의 글은 절대로 보이지 않는다. 반대로 내 친구의 페이스북 피드에도 내가 쓴 글이 보이고 있을 것이다. 따라서 친구 수가 늘어나면 늘어날수록 내 글이 친구들의 피드에 많이 도달될 수 있다. 이쯤에서 페이스북 친구를 어떻게 늘려야 하는 것인지가 궁금해질 것이다.

해답이 너무나 간단해서 헛웃음이 나올지도 모르겠다. 결국 내가 직접 사람들에게 친구 신청을 하는 것이다. 정말 단순하지만 그것이 답이다. 하루에 30명씩 친구 신청을 한다고 가정해보자. 한 달이면 당신의 페이스북 친구 수는 900명이 되어 있을 것이다. 이제 조금 이해되었는가? 여러분이 그냥 개인적인 이유가 아닌 SNS 채널로 마케팅을 하겠다는 목적을 가지고 결과물을 내려고 한다면, 좋은 콘텐츠도 필요하지만, 각 SNS 채널들의 활용법과 마케팅 팁을 완벽하게 이해하고 있어야 자신이 원하는 결과를 얻을 수 있다.

## 블로그 마케팅의
## 핵심은 상위 노출

또 하나 온라인 마케팅이라는 기준에서 보면 가장 기본적인 마케팅 수단이 블로그와 SNS다. 이 두 채널의 차이점을 확실하게 이해해야 한다. 블로그 마케팅의 핵심은 한마디로 말해 상위 노출이다. 상위 노출이 되어야만 사람들이 그 글을 보게 되기 때문이다. 여러분도 평소 검색을 하면서 많이 체감하는 부분이리라 생각한다. 검색 결과의 페이지를 5페이지, 8페이지까지 넘겨서 보는 사람은 흔치 않다. 그렇기 때문에 해당 콘텐츠를 1페이지 내에 보이기 위해 애쓰는 과정이 바로 블로그 마케팅이다. 자연스레 순위가 중요해지고, 경쟁이 치열해지며, 결과적으로 광고비도 비싸지게 마련이다. 그럼 블로그 마케팅을 잘한다는 것은 어떤 의미일까? 내가 쓰고 싶은 글만 써서는 결코 높은 순위에 들 수 없다. 바로 네이버 검색 엔진이 좋아하는 글을 작성해야 한다.

SNS에 글을 쓰면 글이 퀄리티가 좋거나 나쁘거나 상관없이 내 친구들에게 전달이 된다. 하지만 블로그는 그렇지 않다. 네이버 검색 엔진이 선호하는 글을 써야 노출이 되고, 결국 노출이 많이 될수록 더 많은 사람들에게 보일 수 있다.

## SNS 마케팅의
## 핵심은 팔로워

블로그 마케팅의 핵심이 상위 노출이었다면, SNS 마케팅의 핵심은 무엇일까? 바로 팔로워다. 많은 팔로워를 보유해야만 더 많은 사람들이 나의 글을 볼 수 있고, 홍보 효과를 낼 수 있는 것이다.

SNS 마케팅의 장점은 높은 도달률에 있다. 왜 SNS의 도달률이 높은 것일까? 여러분도 오늘 중 적어도 한 번쯤은 SNS 채널에 접속해봤을 것이다. 자, 그럼 여러분이 왜 SNS에 들어갔는지 한 번 생각해보자. 특별한 이유가 있을 수도 있지만, 대부분의 사람들은 이유 없이 습관적으로 접속한다. 정류장에서 버스나 지하철을 기다리면서, 점심식사를 위해 식당 앞에서 줄을 서면서, 별 생각 없이 SNS 앱에 접속해본다. 그렇게 채널에 접속해 무엇을 하는가? 대부분 스크롤을 내리면서 남의 글을 읽을 것이다. 바로 이것이 SNS의 도달률이 다른 매체보다 높은 이유이다.

하지만 여기서 유의해야 할 것이 하나 있다. 높은 도달률이 반드시 높은 구매 전환율로 이어지는 것은 아니라는 점이다. 만약 페이스북에서 누군가 노트북을 파는 것을 보았다면, 그 게시글이 나에게 도달된 것이다. 하지만 사람들 대부분이 그 노트북에 당장은 큰 관심이 없을 것이다. 이것이 도달률이 높더라도 구매 전환율까지 높지는 않은 이유이다. 그래서 SNS 마케팅은 확률 싸움인 것이다.

만약 내가 페이스북에서 10명의 친구가 있다고 가정했을 때 노트북 1대를 팔았다면, 100명이 있을 때는 10대를 팔 확률이 생긴다는 것이다.

즉, 최대한 많은 팔로워를 모아서 높은 도달률을 활용하여 홍보함으로써 구매 확률을 높이는 것이 SNS 마케팅의 핵심인 것이다. 그리고 그 팔로워를 확보하기 위해 우리는 콘텐츠라는 부분을 고민하게 된다.

# 02

# 기본은
# 콘텐츠다!
# 끌리는
# 콘텐츠 만들기

## 끌리는
## 콘텐츠의 위력

매체의 활용법과 팁을 통해 팔로워를 늘릴 수 있다고 해도, 결국 기본은 당연히 콘텐츠다. 일상생활에서도 흔하게 접할 수 있는 말인 '콘텐츠'는 과연 무엇일까? 우선 사전적 정의를 찾아보면, "유무선 전기 통신망에서 사용하기 위하여 문자, 부호, 음성, 음향, 이미지, 영상 등을 디지털 방식으로 제작해 처리·유통하는 각종 정보 또는 그 내용물"이라고 한다. 상당히 광범위한 개념처럼 보이는데, 간단히 우리에게 필요한 정의를 새롭게 내리자면, 결국 SNS에 올릴 정보를 포함한 내용물이다. 그렇다면 우리는 어떤 내용으로 콘텐츠를 기획하고 만들어야 하는 걸까? 그리고 사람들은 어떤 콘텐츠를 좋아하는 것일까? 지금부터 끌리는 콘텐츠는 어떻게 만들어야 하는지 알아보자.

## 팔지 말고
## 사게 하라!
## 스토리를 만들자

최근 이마트에서 '롯데제과 스낵 무한 골라 담기'라는 이벤트를 진행했다. 매장을 방문한 고객들에게 상자 하나씩을 제공하고, 몇 개가 되었든 그 상자에 담은 만큼의 과자를 17,800원에 구입할 수 있게 해주는 방식이다. 사람들은 각양각색의 방법으로 쌓아올린 과자탑 인증샷을 자신의 SNS에 올려 해당 이벤트를 널리 알리는 스피커 역할을 자처했다. 덕분에 해당 이벤트가 이슈가 되기 시작했고, 너도 나도 오픈이러는 고객들로 매장은 발 디딜 틈이 없었다.

제품을 싸게 만들면 무조건 팔리는 시대는 이제 끝났다. 더욱이 대부분 제품들의 품질이 상향평준화되었다. 이제는 기업들이 제품을 출시하고서 고객들에게 선택받기를 기다리는 게 아니라, 좀 더 효과적이고 좀 더 눈에 띄는 마케팅을 통해 고객과 직접 소통하고 고객을 찾아가야만 시장에서 살아남을 수 있게 되었다. 특히 요즘처럼

SNS를 통해 정보가 빨리 퍼지는 시대에는, 입에서 입으로 퍼지는 바이럴 마케팅 방식으로 제품을 구입한 고객들이 입소문을 내주어서 자연스럽게 제품이 홍보되는 것을 가장 성공적인 마케팅 케이스로 생각한다.

불과 몇 년 전에 히트 상품으로 사람들을 현혹시켰던 허니버터칩도 바이럴 마케팅의 좋은 예다. 우선 달콤한 감자칩이라는 생소한 맛을 내세워 짭조름한 감자칩에만 익숙해 있던 소비자들의 기대감을 잔뜩 높이고, 공급량을 제한해 소비자들이 쉽게 구할 수 없게 했다.

여기에 불을 붙인 것이 바로 SNS의 인증샷 퍼레이드다. 일반인은 물론 유명 연예인들까지 합세해 소위 '레어템'이라고 불리는 허니버터칩을 사먹은 인증샷을 업로드하는 바람에 각종 소매점에서는 1인당 한 박스 내지는 1~2봉지로 제한해 과자를 판매하는 기이한 현상이 벌어지기도 했다.

그냥 뭐라도 알려야겠다는 의무감에 아무 콘텐츠나 SNS에 올려서는 누구의 관심도 받지 못한다. 사람들은 제품을 구매하기 위해서, 광고를 보기 위해서 SNS를 하는 것이 아니다. 우리 삶에 자연스럽게 스며들어 있고, 진심으로 우러나서 공유하고 이야기하는 콘텐츠만이 이제 사람들에게 주목받을 수 있다.

물론 누구나 이론적으로는 인지하고 있을 것이다. 또 얼마나 많은 시간과 노력을 들여야 하는지를 따져보면 한숨부터 나올 것이다. 하지만 너무 걱정할 필요는 없다. 모바일은 깃털처럼 가볍고 빨라서, 작은 불씨 하나로 큰 불을 만들어 낼 수 있듯 좋은 콘텐츠 하나가 어느 날 사회적으로 임팩트 있게 큰 파장을 불러일으킬 수도 있음을 명심하길 바란다. '유튜브' 채널에 올린 뮤직비디오가 세계적인 반향을 일으켜 세계적인 스타가 된 싸이처럼 하루아침에 인기 스타가 되는 것도 가능한 세계가 바로 SNS 세계다.

# 공유되는
# 콘텐츠만이
# 살길이다

최근 달라진 텔레비전 시청 스타일을 알고 있는가. 무엇보다 텔레비전이 더 이상 주요 영상매체가 아니라는 점을 이해해야 한다. 이제 청소년들은 공중파나 케이블 방송을 텔레비전으로 시청하는 것이 아니라, 유튜브 채널에서 자신이 좋아하는 스타의 예능 프로그램 명장면만 따로 떼어서 보는 식으로 자신들이 원하는 영상물을 찾아본다.

실제로 미국의 18~25세 사이의 청소년들은 케이블 방송보다 유튜브 채널을 더 즐겨 찾는다는 통계도 발표된 바 있다. 여기에는 콘텐츠를 제공하는 사람의 일방적인 전달 방식에서 벗어나 자신이 보고 싶은 것을, 보고 싶은 시간에, 보고 싶은 곳에서 볼 수 있다는 유튜브의 장점이 주요한 원인이 되었을 것이다. 즉, 이제는 정보 수용자의 적극적인 콘텐츠 큐레이션이 가능한 시대인 것이다.

또한 먹방, 음방, 겜방, 공방, 요방, 팬방 등의 1인 인터넷 방송과 BJ들이 인기를 누리기 시작하면서 점점 더 많은 사람들이 자기만의 분야를 선정해 콘텐츠를 만들고 팬 층을 확보해나가고 있다. 무엇보다 1인 인터넷 방송은 기존의 시각과 청각만을 만족시키던 것을 넘어, 콘텐츠를 제공하는 사람과의 소통이 가능해 더욱 매력적으로 다가간다.

여러분들에게 당장 1인 인터넷 방송을 시작하라고 권하려는 것이 아니다. 전문적인 동영상을 만들어야 한다는 이야기는 더더욱 아니다. 사람들이 즐겨 볼 수 있고 눈과 귀를 만족시키는 최소한의 시각적인 요소를 갖춘 콘텐츠면 충분하다. 단, 우선 사람들이 SNS상에서 어떤 글에 공감하고 어떤 콘텐츠들이 공유되는지를 유심히 살펴봐야 한다.

여러분들이 콘텐츠를 제공해야 하는 사람인만큼, 콘텐츠를 만드는 것뿐만 아니라 현재 사람들이 주목하고 있는 콘텐츠들의 동향을 파악하고 있어야 한다. 사람들이 어떤 주제에 민감하게 반응하는지, 어떤 이미지를 좋아하는지를 누구보다 세심하게 살펴야 한다. 대체적으로 감동, 유머, 쇼킹, 귀여움 등을 담은 콘텐츠들이 SNS에서 변함없이 공유가 잘되는 편이다. 즉, 사람들이 좋아하는 콘텐츠에는 일종의 패턴이 있는데, 이러한 패턴을 자신의 업종에 맞게 재해석한 다음 그에 따라 콘텐츠를 밀겡이는 것이 좋다.

## 한 줄 카피에
## 목숨을 걸어라

SNS는 기본적으로 시각을 자극하는 채널이다. 그러한 시각적인 요소를 완벽하게 완성하는 데는 무엇보다 한 줄의 카피가 가진 강력한 힘이 필요하다. 그 옛날 소크라테스가 남긴 "너 자신을 알라"라는 명언에서 사회 분위기를 날카롭게 담아낸 인터넷의 신조어에 이르기까지 사람들의 뇌리에 각인된 한 줄 카피의 생명력과 파급력은 막강하다. 거기에 많은 사람들의 시선을 유혹하는 감성 사진과 같은 시각적인 이미지가 더해진다면 그보다 강력한 콘텐츠는 없을 것이다.

대표적으로 성공적인 광고의 카피들을 보면 SNS 세계에서도 여전히 기존 광고계의 공식이 적용되는 것을 알 수 있다. 시장조사를 통해 타깃을 정하고, 짧은 시간에 전달할 수 있는 쉽고 간결한 문구로 자신들이 말하고자 하는 내용을 전달하는 것이다. 예컨대 나이키의 경우 이제는 하나의 상징처럼 자리 잡은 한 줄 카피 'JUST DO IT'에 이어, 나이키 우먼스 브랜드 광고에서는 'BETTER FOR IT'(오늘보다 강해지다)이란 카피로 운동하는 여성의 이미지와 함께 브랜드 가치를 담아냈다.

　한 가지 기억할 것은 SNS 마케팅에서의 글쓰기는 기존 매체 들이나 전통적인 글쓰기의 방식과는 다르게 굳이 서론, 본론, 결론 의 형식을 갖추지 않아도 된다는 점이다. 또 단 하나의 단어만으로 도 정보를 전달하고자 하는 사람의 의도를 파악할 수 있다면 그것으 로 충분하다. 최근 사람들이 즐겨 찾고 유행하는 콘셉트를 파 악하고 이를 이용하는 것이 좋다. 예를 들어 '미니멀 라이 프', '킨포크', '욜로' 등 라이프스타일 트렌드를 표현하는 단어와 그 와 관련된 이미지를 활용하는 것도 하나의 방법이다.

　그런가 하면 자극적인 카피로 사람들의 시선을 끈 다음, 전하 고자 하는 세부적인 사항을 내용으로 풀어가는 방식도 좋다. SNS를 하면서 광고를 하나하나 눈여겨볼 사람들은 많지 않다. 한 줄 카피조차 눈에 들어오지 않는다면 수많은 SNS의 글들을 스크롤하는 중에 자연스럽게 밀려날 것이 뻔하다. 그러므로 나의 글이 사람들에게 읽혀지기 위해서는 초반, 즉 도입 부분에 자신이 전하고자 하는 핵심 문장을 임팩트 있게 제시해야 한다. 앞으로 SNS 마케팅을 염두에 두고 있는 사람이라면 기사의 헤드 카피처럼 사람들의 호기심을 자극하는 한 줄 카피를 쓰는 데 익숙해져야만 할 것이다.

## 고객을
## 영업사원으로
## 만들어라

SNS 마케팅과 기존 마케팅 기법의 차별점은 무엇일까? 기존의 마케팅이 소비자의 구매로 일단락되는 것에 비해, SNS 마케팅은 마케팅의 영향력이 지속될 수 있다는 점이다. 결론부터 말하자면 SNS를 통해 소비자를 우리의 최전방 영업사원으로 만들 수 있다. 당신의 제품이, SNS 콘텐츠가 제아무리 뛰어나더라도, 당신이 팔로워들과 끊임없이 소통을 하더라도, 어느 순간 뛰어넘을 수 없는 물리적인 한계를 경험하게 될 것이다. 한 사람의 힘보다는 여러 사람의 힘이 필요하다는 것을 뼈저리게 느끼게 될 것이다. 그때 여러분은 당신의 고객을 당신의 영업사원으로 만들어야 한다.

최근 다양한 업종과 제품에서 이를 증명한 바 있다. 대표적인 사례로는 앞서 언급했던 허니버터칩이다. 별다른 TV 광고도 없었지만, 독특한 제품의 제한된 판매량과 선구매자들의 다양한 인증샷들이 온·오프라인을 넘나들며 붐을 일으켰고, 당시에 하나의 현상으로 자리매김했다. 과거에도 꼬꼬면과 같은 차별화된 제품이 등장했을 때의 '버즈 효과'는 엄청난 판매로 이어져 조기품절 사태를 만들곤 했었다.

여기에 날개를 달아준 것이 바로 자발적으로 제품을 홍보해 주었던 소비자들의 힘이다. 하이트진로에서 도수가 낮은 달달함을 강조하며 출시한 맥주 '망고링고'의 경우에도 인스타그램 같은 SNS 상에서 소비자들이 해시태그를 달아 직접 인증샷을 남기며 입소문을 냄으로써, 제품의 인지도가 크게 높아졌다.

인스타그램에서 '#망고링고'를 검색하면 소비자들이 자발적으로 촬영한 수많은 이미지를 볼 수 있다.

당신의 팔로워들을 당신의 영업사원으로 만들려면 무엇이 필요할까? 무엇보다 자발적인 참여를 이끌어낼 수 있는 요소가 필수적이다. 2014년에 SNS상에서 아이스 버킷 챌린지가 우리의 시선을 사로잡았었다. 이는 루게릭 병 환자를 돕기 위한 이벤트로, "24시간 안에 이 도전을 받아들여 얼음물을 뒤집어쓰든지 100달러를 루게릭 병 관련 단체에 기부하라"는 사회운동이었다. 여기서 주목할 것은 이 이벤트가 아이스 버킷 챌린지에 도전한 사람이 다음 사람을 지목하여 도전과 기부를 계속 이어가도록 하는 방식이었다는 점이다. 즉 참여와 공유의 방식이 적절히 혼합된 대표적인 사례라 할 수 있다.

'아이스 버킷 챌린지'는 오바마 전 대통령, 마크 주커버그 등 유명인사들의 참여를 힘입어, SNS를 통해 전세계적으로 활발하게 진행되었다.

이러한 참여와 공유의 효과를 간접 경험한 식음료 업계에서는 자신들의 SNS 채널을 팔로우하고 인증샷을 남겨줄 경우 음료수를 서비스하거나 무료 식사권을 경품으로 제공하는 등 소비자들에게 다양한 방식의 리워드를 제공하고 자신의 제품을 홍보하는 방식을 차용하기 시작했다. 현재는 식음료업뿐만 아니라 다양한 분야에서 SNS 팔로워들을 활용하는 이벤트를 진행하고 있다. 컨벤션 행사, 영화 개봉 이벤트 등 다양한 오프라인 행사를 진행하면서 현장의 생동감 있는 사진을 전할 수 있도록 포토존을 설치해두고, 자신의 팔로워들에게 이를 알리면 상품을 제공하는 방식으로 이벤트를 진행하는 것이다. 인스타그램을 전시 마케팅에 성공적으로 이용하기로 정평이 난 대림 미술관에서는 아예 전시 제목을 "#즐거운_나의_집"으로 해시태그를 사용해 만들기도 했다.

대림 미술관에서 진행한 '#_즐거운_
나의_집' 전시 포스터.

여기서 중요한 것은 바로 제품에 대한 이야기를 판매자가 직접 하지 않는다는 점이다. 제아무리 좋은 제품과 서비스도 자신의 입으로 떠벌려봐야 소비자들은 뻔한 광고로 인식하게 마련이다. 어떤 회사가 자신의 제품을 나쁘다고 이야기하겠는가. 제품의 광고나 브랜드의 홍보는 저절로 입소문이 퍼져 고객들 스스로 이야기를 할 수 있는 장을 만드는 데 중점을 둬야 한다. 자신과 같은 입장의 소비자의 입을 통해 듣는 제품과 브랜드에 대한 신뢰도는 무한 상승할 수밖에 없기 때문이다.

이 책을 예로 생각해보자. 필자가 직접 독자를 찾아가서 이 책이 마케팅의 정수를 담은 필독서라고 이야기하는 것과 여러분의 지인이 직접 읽은 후 "당신의 사업에 꼭 필요한 책 같다"고 추천하는 것 중에서 여러분은 어떤 메시지에 마음이 움직이겠는가. 답은 확실하다. 따라서 여러분은 고객을 영업사원으로 만들 방법에 대해, 그리고 고객들에게 어떤 리워드를 해줘야 할지에 대해 고민해야 한다. 제품에 대한 충분한 고민도 필요하지만, SNS 마케팅에 서툴더라도 고객을 영업사원으로 만들 수만 있다면 절반의 성공을 이뤘다고 할 수 있다.

# 03 | 온라인 마케팅의 핵심! 키워드 찾기

포털사이트에서
가장 먼저 검색되는
단어는 무엇일까?

SNS의 기반이 되는 온라인 환경에서 마케팅을 할 때 가장 기본적으로 알고 넘어가야 할 것은 살펴보자. 네이버나 다음과 같은 포털사이트에서 검색을 할 경우, 가장 먼저 검색되는 글들은 어떤 글들일까? 또는 케익, 케잌, 케이크처럼 다양한 표기로 사용되는 단어들을 검색할 경우에는 어떤 단어를 사용해야 할까? 만약 이런 단어들을 블로그 제목으로 삼거나 SNS 해시태그로 설정할 경우에는 어떤 표기를 기준으로 정해야 할까?

물론 검색 포털사이트에서는 간혹 맞춤법에 어긋나거나 오타로 검색어를 입력하더라도 검색어의 의미를 자동적으로 파악해 올바른 검색어를 제안해주는 서비스를 제공하고 있다. 예를 들어 '김치찌게'를 검색할 경우에 해당 검색어로 등록된 글들을 보여줌과 동시에 '김치찌개'라는 제안을 함께 해주는 것이다.

이처럼 검색의 편의를 위한 서비스가 존재하긴 하지만, 그럼에도 불구하고 온라인 마케팅에 있어서 중요한 것은 SNS 사용자들이 가장 많이 검색하고 제품의 판매로 이어질 수 있는 키워드를 설정하는 일이다. SNS 사용자들이 가장 많이 사용하는 단어가 검색의 결과나 해시태그의 결과에 부합하지 않으면 자신이 판매하고자 하는 제품과 서비스가 제대로 노출되지 않을 수 있다.

## 네이버에 검색 광고를 집행해보기

그럼 본격적으로 네이버에서 마케팅을 할 경우에 대해 살펴보자. 먼저 네이버의 검색창에 '네이버검색광고'라고 검색을 하면 네이버에서 광고를 집행할 수 있는 서비스에 접속하도록 사이트 링크가 제시된다.

NAVER 네이버검색광고

통합검색 **블로그** 지식iN 쇼핑 □ 카페 이미지 뉴스 동영상 더보기 ˅    검색옵션 ⌃

정렬 ˅ ㆍ 기간 ˅ ㆍ 영역 ˅ ㆍ 옵션유지 꺼짐 켜짐 ㆍ 상세검색 ˅

**연관검색어** ? 검색광고 네이버 검색 네이버 검색등록 네이버 검색광고센터    신고 ✕
　　　　　　블로그 방문자 늘리기 네이버광고 네이버 검색량 모바일검색광고    더보기 ˅

**네이버 광고** searchad.naver.com
온라인교육 · **광고**상품안내 · 공식대행사 · 오프라인교육 · 고객센터 · 직접운영안내 · **광고**등록기준
**네이버 광고** 소개, 사이트**검색광고**, 쇼핑**검색광고**, 콘텐츠**검색광고**, 브랜드**검색** 안내,

**연관채널** ▣ 네이버블로그 ▷ 네이버TV

　　이제 네이버 검색 광고 서비스에 접속하게 되면 광고주 신규
가입 버튼을 클릭해 가입 절차를 따르기만 하면 된다.

이때 네이버에서 사용하고 있는 기존의 개인 아이디와는 별도로 새로 회원 가입을 한 이후 사용이 가능함을 주의해야 한다. 사업자등록을 한 독자라면 사업자 광고주로 가입을 하면 되고, 만약 사업자등록을 하지 않았거나 서둘러 가입을 하고자 한다면 휴대폰 인증을 통한 개인광고주로 가입을 하면 된다. 비용은 따로 들지 않는다.

가입 과정을 거치고 나면, 검색 광고 서비스에 가입을 할 당시에 기입한 메일로 가입 인증 확인 메일을 받게 되고, 가입 인증 확인을 끝으로 가입이 완료된다. (참고로 많은 분들이 아이디를 잃어버리는 경우가 종종 있으니 기존에 사용하던 네이버 아이디와 동일하게 가입하길 권한다.)

검색 광고 서비스에 로그인을 한 후 우리가 원하는 기능을 사용하기 위해서 화면 하단에 있는 '키워드 도구' 버튼을 클릭한다.

자, 이제 케이크 제품을 등록한다고 가정해보자. 앞서 언급했던 것처럼 케익, 케잌, 케이크처럼 다양하게 표기할 수 있으므로 키워드 도구 화면에서 각각의 키워드를 입력하고 조회하기 버튼을 눌러 연관 키워드들을 확인한다.

위 이미지처럼 케익, 케잌, 케이크 등 키워드의 월간 검색 수를 확인할 수 있다. 한 달을 기준으로 결과가 나오며, 지난 한 달 동안 네이버에 해당 검색어가 검색되었던 횟수도 함께 결과로 보여준다. 단, 검색한 사람의 수가 아니니 혼동하지 않도록 주의한다. 조회 결과에는 PC에서의 검색 조회 수와 모바일에서 검색 조회 수가 함께 보여진다. 최근의 추세로 보면 단연 모바일에서의 조회 수가 PC에서의 조회 수를 월등히 앞선 것을 확인할 수 있다. 아무래도 사람들이 자신의 스마트폰을 통해 수시로 검색을 하는 경우가 많기 때문이다.

그럼 편의상 모바일을 기준으로 검색 광고에 대한 이야기를 해보자. 케익의 월간 조회 수 21,400번, 케잌의 월간 조회 수 15,300번, 케이크의 월간 조회 수 37,100번이라는 결과에서 알 수 있듯이, 같은 의미를 담고 있는 단어이긴 하지만 특정 단어의 검색 빈도가 두드러지는 것을 확인할 수 있다. 만약 당신이 케이크를 판매하면서 검색 광고를 집행하려고 한다면 어떤 단어를 키워드 또는 해시태그로 사용해야 할까? 당연히 조회 수가 높은 '케이크'라는 단어를 쓸 때 가장 효과가 클 것이다.

그럼 반대로 조회 수가 낮은 '케잌'은 쓰지 말아야 할까? 정답부터 말하자면 써도 무방하다. 15,300번이라는 조회 수는 결코 낮은 수치가 아니다. 케이크를 찾는 누군가가 '케잌'이라고 검색을 할 수도 있으니 당신에겐 버려서는 안 되는 키워드인 셈이다. 그리고 오히려 이러한 키워드는 경쟁이 덜 치열하다는 점에서 장점으로 작용하기도 한다. 모든 케이크 판매자들이 케이크를 검색어로 쓸 때 상대적으로 경쟁이 약한 '케잌'을 전략적으로 사용하는 것도 하나의 방법이 될 수 있다.

지금까지는 몸 풀기 단계였고, 이러한 광고 관리 시스템의 본격적인 활용법을 살펴보자. 스포츠 브랜드인 나이키와 아디다스 중 어떤 브랜드의 인지도가 높을까? 이번 질문의 대답도 검색 결과의 데이터를 통해 쉽게 확인할 수 있다. 무엇보다 온라인 마케팅이라는 분야에서 일을 하기 위해서는 막연하게 갖고 있는 느낌이 아닌, 명확한 통계를 통한 숫자를 가지고 말할 수 있어야 한다.

자, 그럼 앞서 익혔던 검색어 조회 서비스를 활용해서 나이키와 아디다스를 키워드 도구에 입력하고 조회해보도록 하자. 나이키의 검색 조회 수가 더 많다는 것을 확인할 수 있다. 이러한 결과는 지난 한 달을 기준으로 더 많은 사람들이 아디다스보다 나이키를 검색했다는 것을 보여준다. 단, 여기에서 주의한 것은 검색 조회 수의 기준이 한 달이므로, 석 달 전에는 아디다스의 검색 조회 수가 더 높았을 수도 있다는 점을 유념해야 한다.

네이버 검색 광고 서비스에서는 해당 검색어를 조회한 사용자를 분석한 데이터도 함께 제공한다. 아래와 같이 나이키라는 검색어를 조회한 후 해당 키워드를 클릭하면 1년치의 검색 조회 수를 확인할 수 있다.

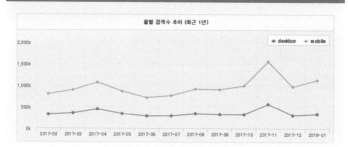

　　지난 1년치의 검색 조회 수를 살펴보면 11월에 가장 높은 검색 수를 기록한 것으로 나타난다. 아마도 해당 월에 신제품이 출시되었거나 TV 광고가 집행되었거나 가정의 달처럼 소비가 늘어나는 기간이 포함되었을 가능성을 생각해볼 수 있다.

　　월별 검색 수 조회 이외에도 사용자의 성별과 나이대의 비율도 확인할 수 있다. 다음과 같이 월간 검색 수의 성별 그래프와 나이대별 그래프를 확인하면 나이키를 선호하는 비율은 주로 30대 남성층에서 높은 것으로 나타난다.

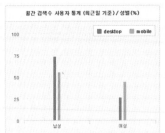

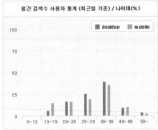

　　만약, 당신이 선크림을 판매해야 한다고 생각해보자. 1년 중 한 번만 홍보 비용을 집행할 수 있다고 가정했을 때 언제 사용해야 할 것인지를 어떻게 정할 것인가. 단순히 생각하면 선크림을 사용하는 계절이 여름이므로 6~9월 중 한 번을 정하면 된다. 하지만 장마가 오래 지속될 수도 있고, 날씨가 변덕을 부려 여름이 더 길어질 수도 있다. 또 한겨울 스키장을 이용하는 사람들이 선크림을 구입할 수도 있다. 선크림을 사려는 소비자가 언제 살 것인지는 결국 소비자의 마음이다.

　　이럴 때 가장 합리적인 기준을 도출하기 위해서는 수요와 공급의 곡선을 고려해 가장 수요가 폭발적으로 증가하는 시기를 판단하여 정할 필요가 있다. 그리고 이제 우리에겐 예상 소비자들의 검색 조회 수를 확인할 수 있는 수단이 있다. 앞서 예시로 들었던 검색수 조회 서비스를 활용해 선크림의 조회 수를 찾아보니 5월에 가장 조회 수가 많은 것으로 나왔다. 이 말은 5월에 선크림의 수요가 가장 높다는 말과 같다. 이제 선크림 판매를 언제 주력해야 하는지에 대한 기준이 정해졌으니 판매를 촉진할 전략을 세우는 일만 남았다.

판매 촉진 전략으로 5월에 실시할 '선크림 1+1 이벤트'를 기획했다고 가정해보자. 이제 이러한 내용을 소비자들에게 전달하기 위해서는 매장에 POP 광고 게시판을 세운다거나 광고를 집행하는 등의 방식으로 알려야 할 것이다. 그리고 또한 판매 촉진 수단 중 하나로 SNS 채널을 활용할 수 있는데, 이를 위해 먼저 다음과 같이 키워드 검색을 통해 월별 검색 추이 등을 참고할 수 있다.

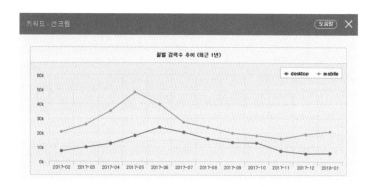

## 판매 전략은
## 항상 '데이터'를
## 기반으로

이제 검색 광고 사이트를 활용해 검색 조회 수를 확인하고 이를 마케팅 전략에 활용하는 기초 단계를 넘어섰다. 그렇다면 이러한 데이터를 마케팅 전략의 실전에서 어떻게 활용할 것인지에 대해 구체적으로 살펴볼 차례다. 필자도 블로그를 비롯한 다양한 SNS 채널을 운영하면서 해시태그와 검색 키워드를 제품별로 선별해 마케팅을 진행하고 있다. 이러한 과정에는 왕도라는 것이 없어서 항상 먼저 앞서 이야기한 검색 광고 서비스를 바탕으로 키워드를 전략적으로 선정한 다음, 마케팅을 진행한다.

필자가 실패를 경험하면서 터득한 사례들이 독자분들에게 보다 현실적인 조언이 될 것이라 생각한다. 블로그에 대한 강의를 진행하면서 처음에 '블로그 과외' 라는 키워드로 블로그 포스팅을 진행했었다. 하지만 생각만큼 글이 채득하지 않았다. 그 이유는 무엇이었을까? 바로 조회 수가 저조한 키워드를 선정했기 때문이다.

'블로그 과외' 라는 단어를 네이버에 검색해보도록 하자. 필자의 블로그는 검색 결과 두 번째로 등장하고 있는데, 포스팅의 날짜를 확인해보면 2014년 7월 10일, 무려 3년 전에 등록된 글이다. 즉, 그만큼 '블로그 과외' 라는 키워드를 사용해 내용을 검색하는 사

**NAVER** 블로그과외     ⌨ ▾   🔍

통합검색   **블로그**   카페   지식iN   이미지   동영상   어학사전 ☐   뉴스   더보기 ˅     검색옵션 ∨

파워링크 '블로그과외' 관련 광고입니다. ⓘ      등록 안내 ›

GRYME 케드과외 www.gryme.co.kr
컴퓨터 전과목 속성방문교육, CAD 전문과외, 기계건축 전문과외 해드립니다.

블로그마케팅전문 이기용강사 blog.naver.com/vsm1028
블로그마케팅, 블로그강의, 바이럴컨설팅, 분석을 통한 마케팅 진단 이기용 강사

블로그과외강좌 에듀시디 educd.co.kr Ⓝ페이
**블로그과외**강좌, 컴맹도 할 수 있는 블로그 만들기

블로그   1-10 / 65,178건

 맞춤형 1:1코칭을 원한다면 **블로그과외** 받으세요! 2017.06.16.
'맞춤형 1:1 코칭을 원한다면 **블로그과외** 받으세요!' 창업 후 온라인마케팅을 자체적으로
시작하는 분들이 많습니다. 그중에서도 가장 기본이 되는 것이 바로...
온라인 마케팅 교육... binhwa2312.blog.me/221030076087

 블로그 마케팅교육 / 1:1 과외진행 후기 2014.07.10.
기분 짱짱 또 어제는 1:1 **블로그 과외**를 진행했습니다. 1:1 과외는 처음이라 자료를 만들어
야 할것 같아서 전날부터 바쁘게 교육 자료 다만들었어요 뿌듯 뿌듯, 사진으로...
SNS마케팅 정진수강... blog.naver.com/korbomb/220056173696    블로그 내 검색

람들이 많지 않다는 것을 의미한다. 이는 곧 키워드 검색 경쟁이 치
열하지 않다는 것을 의미하며, 한편으로 마케팅의 효과가 떨어짐을
의미한다.

이러한 실패를 타산지석으로 삼아 필자는 검색 결과에 보다
많이 노출될 수 있는 키워드들을 찾아보았다. 앞서 검색 키워드 조

회를 통해 확인한 것과 같은 방식으로, 그리고 해당 분야에서 최근에 가장 이슈를 모으고 있는 단어들을 선별해 블로그교육, SNS교육, 온라인마케팅교육, 인스타그램교육 등을 키워드로 찾아내었다. 그 결과, SNS 마케팅 교육을 받아보고 싶어 하는 사람들의 문의가 늘어나기 시작했다.

물론 조회 수가 낮은 키워드를 사용하면 키워드 경쟁이 적어 오랫동안 상위에 노출될 수 있다는 장점이 있으니 반드시 기피할 필요는 없다. 만약 자신만의 콘텐츠라는 확실한 근거와 해당 콘텐츠에 대한 독보적인 서비스를 제공할 수만 있다면 이를 전략적으로 활용해 꾸준히 포스트를 등록하는 것이 또 다른 방법이 되기도 한다. 다만, 조회 수가 높은 키워드에 비해 문의를 해오는 빈도가 낮을 뿐이니 참고하길 바란다.

그리고 블로그는 채널의 특징상 포스트의 제목을 쓸 때 키워드를 잘 정해서 써야 하지만 다른 SNS, 특히 인스타그램에서는 해시태그를 한번에 30개까지 사용할 수 있다. 블로그는 내가 원하는 키워드를 신별해서 검색저으로 포스트를 작성해야 했다면, SNS는 조회 수 높은 해시태그를 사용해야 홍보 효과를 볼 수 있다. 블로그보다 훨씬 더 많은 키워드를 등록해야 검색 결과로 보여질 수 있으므로 이를 적극적으로 활용하는 방법을 꼭 기억하길 바란다. 무엇보다 중요한 것은 내가 사용하는 마케팅 키워드의 전략적인 기준과 활용법을 알고 있어야 한다는 점이다.

# 인플루엔서 마케팅을 통해 소비자 마음 훔치기

## 1인 미디어의 강력한 영향력

스마트폰이 보편화되면서 소비자가 접하는 매체와 콘텐츠가 다양해지기 시작했고, 여러 가지 온라인 채널들이 나타났다. 사람들은 각자의 취향에 따라 자신이 선호하는 채널을 선택해 다양한 사람들과 소통의 장으로 활용하고 있다. 그 덕분에 과거 TV, 라디오, 신문 등의 매체를 통해 일방향적으로 정보를 접하는 것에서 벗어나 누구나 많은 정보를 다양한 방식으로 접할 수 있게 되었다.

그런데 SNS라는 채널을 통해 정보의 접근성과 다양성은 확보되었지만, 소비자가 한 채널에 체류하는 시간은 점점 짧아지고 있다. 따라서 소비자를 자신의 채널에 오래 머물게 할 수 있는 방법들을 찾기 위해 많은 업체들이 고민하고 새로운 방향을 모색하는 중이다. 그러다 보니 각 채널에 맞는 톤앤매너를 분석하고 자신의 채널을 방문하는 소비자의 성향에 적합한 마케팅 수단을 찾는 것이 필수다.

최근 많은 기업들이 영상과 라이브방송을 활용한 콘텐츠에 관심을 보이고 있다. 시대적 흐름의 변화에 따라 1인 미디어가 등장하고 이를 각 분야에서 활용하기 시작하면서 개인에게도 강력한 힘이 생기게 되었고, 그중 기업, 브랜드, 상품 등에 영향력을 행사하는 사람도 등장했다. 이런 사람들을 '인플루언서'라고 부르며, 최근 이들을 활용한 인플루언서 마케팅이 주목받고 있다.

인플루언서 마케팅이란 영향력 있는 개인을 마케팅에 활용한다는 의미로, SNS상에서 수만에서 수십만 명에 이르는 팔로워를 보유하고 있으며 트렌드를 선도하는 사람들을 활용한 마케팅 방법을 말한다. 인플루언서 마케팅이 최근 중요한 마케팅 방법으로 자리 잡게 된 이유를 몇 가지 알아보도록 하자.

## 광고 같지 않은
## 추천으로
## 소비자 마음을 훔치기


사람들은 광고의 홍수 속에 살아가면서 광고 자체에 대한 거부감이 상당히 커졌다. 그런 상황에서 소비자들은 닮고 싶고 영향력 있는 사람의 말에는 높은 신뢰도를 보인다. 특히나 SNS를 통해 일상에서 자연스레 드러나는 취향의 모습으로 공유되기 때문에, 더욱더 그들의 의견을 친근하게 생각하고 신뢰한다. 다른 사람들의 상세한 사용 후기, 사진 및 동영상을 통한 제품이나 브랜드 설명을 접하면서 광고보다 더 큰 신뢰를 보내게 되는 것이다.

그래서 기업에서는 마치 광고가 아닌 것처럼 각 분야의 오피니언 리더들의 후기를 모아 콘텐츠를 제작하기도 한다. 정규 방송용 매체로 제작하는 건 아니기 때문에 홍보 활동에 사용하는 어휘나 기타 표현 등에 대한 규제가 별로 없어, 소비자들에게 더욱 친숙하게 다가갈 수 있다.

뷰티 분야에서는 뷰티 인플루언서, 운동은 운동 인플루언서, 요리는 요리 인플루언서 등 업종에 맞게 분야별로 세분화된 다양한 인플루언서의 힘을 빌려 마케팅을 진행할 수 있다. 예를 들어 A화장품 업체의 아리따움이라는 브랜드는 뷰티 팁을 소개하는 인기 인스타그램 인플루언서와 함께 컬래버레이션한 제품을 출시했다.

그 인플루엔서는 10만 명에 달하는 구독자들을 대상으로 채널 라이브 방송을 통해 화장품 브랜드와의 컬래버레이션 소식을 알렸고, 해당 상품은 프로모션을 오픈하자마자 5분 만에 품절되는 기록을 세웠다. 이후에도 그 인플루엔서의 팔로워들이 프로모션을 다시 진행해달라고 요청을 할 만큼 반응이 폭발적이었다.

이는 그 뷰티 인플루엔서가 자신의 인스타그램과 블로그에서 꾸준히 뷰티 팁을 공유하며 약 10만 명에 달하는 팔로워들과의 신뢰 관계를 형성하고 있었고, 자신이 사용한 후 사용감이 좋은 제품에 한해서는 직접 판매 딜을 열어 구독자들을 대상으로 특별 할인 행사도 진행한 바 있었기에 가능한 일이었다.

또한 SNS와 인플루엔서를 활용한 마케팅은 국경을 초월해 성사되기도 한다. 2017년 여름 대구 시에서는 대구컬러풀페스티벌과 대구치맥축제를 알리기 위해 색다른 마케팅을 진행했다. 중국, 홍콩, 대만, 일본, 싱가포르의 인플루언서 16명을 팸투어(홍보를 위해 계획된 사전 답사 투어 방식)의 형식으로 초대한 것이다. 5개국 인플루언서들은 대구 시에서 주최한 팸투어에 참여해 각종 행사에 대한 게시물을 180여 건이나 제작했다고 한다. 놀라운 것은 그 게시물들의 파급력이다. 행사에 참여한 인플루언서들의 팔로워 수는 260만 명에 이르는데, 그들이 제작한 게시물의 조회 수는 524만 건, '좋아요'를 누른 횟수는 132만 건에 달한다. 이는 앞으로 새로운 방식의 마케팅에 대한 방향과 효과를 생각해보게 한다.

지금까지 SNS 채널를 활용한 마케팅의 기본적인 내용에 대해 살펴보았으니 다음 장부터는 각 SNS 채널들의 실질적인 정보들을 살펴보면서 구체적인 활용 방안에 대해 생각해보려 한다. 우리나라 사람들에게 가장 익숙한 카카오스토리, 전 세계적으로 가장 많은 사용자를 확보하고 있는 페이스북, 최근 흥미로운 서비스를 더욱 많이 제공하고 있는 인스타그램, 가장 기본적이면서도 확실한 정보를 전달할 수 있는 블로그까지, 우리 생활에 밀접하게 연결되어 있는 SNS 채널들의 세계를 만나보자.

2부

확실한
타깃층을 가진
카카오스토리

# 01

# 카카오스토리는 누가 사용할까?

## 한국형 토종 SNS, 카카오스토리

카카오스토리는 2012년 3월에 출시된 한국형 토종 SNS이다. 서비스 시작 3개월 만에 가입자 수 2,000만 명을 넘기며 대한민국을 강타했다. 대한민국 국민 메신저 어플 카카오톡을 등에 업고 출발한 국내 SNS 채널인 카카오스토리는 그 위력 또한 실로 대단했다. 카카오톡과 연동이 되고 사용하기 쉽다는 점을 어필하며, 출시 후 청년층부터 노년층까지 고른 사용자 분포도를 그려내며 유명세를 떨쳤다.

마케팅 데이터 제공 업체인 와이즈앱의 자료에 따르면 카카오스토리는 2017년 6월 기준으로 무려 1,699만 명이 다운을 받았고, 실사용자는 1,381만 명에 달한다. 사용자 중 남성이 38.3%, 여성이 61.7%로 여성 사용자들이 더 많이 사용하고 있다. 연령대별로 살펴보면 10대에서 4.8%, 20대에서 7.4%, 30대에서 25.5%, 40대에서 28.1%, 50대 이상에서 34.2%라는 분포를 보인다. 10~20대보다 30대가 주요 사용자임을 알 수 있다. 그리고 1인당 하루 평균 사용 시간은 21분으로 조사되었다.

이렇듯 초창기에 성공적으로 많은 가입자를 확보하는 데 성공했지만, 점차적으로 광고가 많아지고 SNS의 가장 메인 타깃층인 10~20대 젊은 층으로부터 외면을 받기 시작하면서 현재는 여성 주부층 사이에서 가장 많이 사용되는 SNS로 인식되고 있다. 물론 주요 사용자 계층이 확실하다는 것은 마케팅 효과 측면에서 따져볼 때 좋은 일이지만, 그에 따른 장단점을 따져보아야 할 것이다.

## 기기오특괴의
## 연결고리

우선 카카오스토리 사용자가 대부분 주부들이다 보니 SNS 활동에 있어서 젊은 타깃층보다 적극성이 떨어지고, 지속성 또한 떨어지는 경향이 있음을 인지하고 있어야 한다. 그런 특성에 따라 타깃 층에 어필할 수 있도록 글쓰기 방식을 선택하고 콘텐츠를 제공해야 하는 것이다. 무엇보다 사용자들의 호응을 얻어낼 수 있는 콘텐츠를 꾸준히 발행해야 한다. 또 카카오스토리가 페이스북이나 인스타그램에 비해서 광고 통계 기능과 타깃 설정에서 정밀하지 못한 부분도 참고하도록 하자.

카카오스토리의 최대 강점은 누구에게나 익숙한 카카오 플랫폼과 연계가 된다는 점이다. 카카오스토리뿐만 아니라 카카오톡, 플러스친구, 카카오그룹, 카카오택시, 카카오뱅크 등 다양한 서비스들과의 호환성이나 연계성을 고려한 접근법을 고려해야 한다. 또한 카카오 캐릭터의 선풍적인 인기도 플러스 요인으로 작용한다. 무엇보다 대한민국 국민 중에서 카카오톡을 사용하지 않는 사람이 거의 없다는 점이 가장 큰 장점이다. 카카오톡과의 연결고리가 있다는 것만으로도 카카오스토리는 상당히 매력적인 채널이 될 수 있다. 홍보하고 싶은 아이템이나 브랜드가 주부들 대상의 아이템이라면 카카오스토리를 잘 활용해서 광고해보도록 하자.

RYAN  APEACH  TUBE  CON&MUZI  FRODO  NEO  JAY-G

| 카카오 캐릭터 |

# 02

# 카카오스토리 기능 살펴보기

## 카카오스토리만의 콘텐츠 노출 기준

카카오스토리와 페이스북(인스타그램)의 가장 큰 차이점은 콘텐츠 노출의 기준이다. 카카오스토리는 내가 쓴 글이 내 카카오스토리 친구들에게 시간 순서대로 나열된다. 이 방식의 단점은 특히 강조하고 싶은 내용을 아무리 공을 들여 열심히 만들었더라도 시간이 지나면 모두 피드 저 아래로 흘러가버린다는 점이다.

이를 보완하기 위해 카카오스토리는 'UP'이라는 기능을 만들어 UP 버튼을 누르면 좋은 글들을 다시 한 번 상단으로 끌어올려 노출시킬 수 있게 만들었다. UP 기능은 다른 SNS에는 없다. 자발적인

UP, 즉 구독자들이 UP 버튼을 많이 눌러줄수록 훌륭한 콘텐츠들이 더 많은 비구독자들에게 전달되고, 이것이 또다시 순수한 구독으로 이어질 수 있다. 단 UP 기능을 활용한 이벤트는 정책상 금지되어 있으니 참고하도록 하자. 이처럼 여러 기능들이나 시스템에 대한 이해도가 있어야 카카오스토리를 마케팅에 제대로 활용할 수 있다. 참고로 페이스북은 사람들의 반응(좋아요, 댓글, 공유)이 좋았던 콘텐츠를 계속해서 다른 사람에게 노출해주는 방식으로 시스템을 운영하고 있다.

카카오스토리 계정을 운영할 때에 가장 많이 하게 되는 일은 크게 두 가지다. 하나는 글을 쓰는 것, 다른 하나는 다른 사람의 글에 '좋아요'를 누르거나 댓글 달기이다. 먼저 카카오스토리에 글을 작성할 때 고려할 부분에 대해 살펴보자.

## 공개 범위를 설정해
## 원하는 사람만
## 노출하기

카카오스토리에서는 글을 올릴 때 전체 공개, 친구 공개, 편한 친구 공개, 나만 보기로 공개 범위를 설정할 수 있다. 그중 편한 친구 공개는 최근에 업데이트된 기능으로 내 친구 중에서도 공개하

고 싶은 친구에게만 선택적으로 공개할 수 있도록 해준다. 이 기능
이 생겨난 이유는 카카오스토리가 전화번호를 기반으로 하는 서비스
라는 점 때문이다. 자신의 전화번호 목록에는 있는 사람이지만 SNS
상에서 친구를 맺고 싶지 않은 사람들이 있는 경우도 있으므로 그런
불편함을 해소하기 위해 만들어진 기능이다.

## 친구 인원은
## 1,000명까지
## 가능하다

　주로 친구 신청은 아는 사람의 전화번호를 저장하면 카카오
톡에 자동으로 등록이 되고, 친구 등록이 되면 카카오톡 프로필에
연결된 카카오스토리로 들어가 친구 추가를 할 수 있다. 친구 추가
를 하게 되면 소식 탭에서 친구의 글을 실시간으로 받아볼 수 있으
며, 친구는 1,000명까지 추가할 수 있다.


## 좋으면
## UP을 눌러요

　친구의 탭에 글(소식)이 올라오면 버튼을 눌러 좋아요, 멋져
요, 기뻐요, 슬퍼요, 힘내요 등이 느낌을 표현할 수 있으며, UP이라
는 기능을 활용해 지나간 글이라도 내 친구들에게 다시 한 번 보여
줄 수 있다. 또한 해시태그 검색 기능이 있어 관심 있는 해시태그를
검색하면 태그와 관련된 글들을 모아서 살펴볼 수가 있다. 프로필에
동영상이나 GIF로 움직이는 프로필도 등록할 수 있으니 참고하도록
하자.

## 콘텐츠 콘셉트의
## 업그레이드

카카오스토리에서는 다양한 도전을 시도하고 있다. 지난 7월에는 '소소한 이야기'라는 콘셉트로 TV광고까지 진행하면서 소소한 운세, 소소댄스, 스토리텔러라는 시스템 등을 만들어 사용자들에게 즐거움을 줄 수 있는 이야기들을 계속 업그레이드하고 있다.

 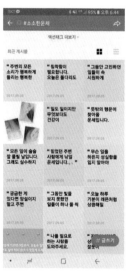

# 03

# 카카오스토리 비즈니스 계정 '스토리채널'

## 개인 계정과 비즈니스 계정, 무엇을 선택해야 할까

대부분의 SNS 채널은 비즈니스 계정을 따로 갖추고 있다. 페이스북의 경우 페이스북 페이지가 비즈니스 계정이며, 인스타그램도 비즈니스 계정으로 전환할 수 있는 기능이 있고 카카오톡도 비즈니스 모델인 '플러스친구' 기능을 보유하고 있다. 카카오스토리 역시 비즈니스 계정을 가지고 있는데, 정식 명칭은 '스토리채널'이다.

카카오스토리를 통해 마케팅을 하려면 먼저 카카오스토리 및 스토리채널이 무엇이며, 나에게는 어떤 계정을 운영하는 것이 마케팅 측면에서 더욱 효과적인지 고민해야 한다. 개인 계정과 비즈니스 계정은 기능적인 면에서 많은 차이가 있다. 사업을 위한 홍보용 계정이라도 반드시 비즈니스 계정을 운영해야 하는 건 아니다. 적극적으로 홍보에 뛰어들 마음으로 두 가지 방식 모두 운영해보는 것도 좋겠지만, 일단 개인 계정과 비즈니스 계정 두 방식의 장단점을 알고 판단하는 것이 좋다.

## 구독자 수에
## 제한이 없는
## 스토리채널

그럼 카카오스토리의 비즈니스 계정, 스토리채널에 대해서 좀 더 자세히 알아보자. 스토리채널과 카카오스토리는 기능적으로 큰 차이점이 몇 가지 있는데, 그중 첫 번째는 친구 수에 대한 제한이다. 페이스북은 개인 계정으로 친구를 5,000명까지는 맺을 수 있는데, 카카오스토리의 경우 개인 계정으로 친구를 1,000명까지만 맺을 수 있다. 1,000명 이상이 되면 더 이상 친구 맺기가 불가능하다. 그렇기 때문에 1,000명 이상의 팔로워들이 생길 수 있는 브랜드의 경우 비즈니스 계정인 스토리채널을 오픈해서 운영해야 한다. 또 비즈니스 모델인 스토리채널은 고유의 URL을 보유하고 있기 때문에 접근성에서도 유리한 부분이 있다.

　스토리채널은 계정을 개설하면 친구 수에 대한 제약 없이 무한대로 팔로워를 받을 수 있다. 카카오톡 개인 계정은 1,000명이라는 한계가 있기 때문에 비즈니스를 위해 확장하기를 원한다면 스토리채널을 운영하는 것이 좋다. 한 가지 아쉬운 점은 개인 계정의 경우 본인의 시간을 투자한 만큼 많은 사람들에게 친구 추가 신청을 할 수 있어 빠르게 친구 수를 늘릴 수 있는 데 비해, 스토리채널은 친구 신청 버튼이 따로 없고, 반드시 다른 사용자가 '소식 받기'라는 버튼을 눌러야 소식을 받는 팔로워 수가 늘어난다는 점이다.


## 여럿이 하나의
## 스토리채널 계정을
## 운영할 수 있다


　스토리채널의 또 다른 강점은 여러 명이 동시에 카카오스토리 채널을 관리할 수 있다는 점이다. 예전에는 카카오스토리로 마케팅을 하려고 하면 휴대전화를 하나 더 개통해서 그 휴대전화로 사진과 콘텐츠를 올려야 했다. 개인의 휴대전화를 활용하면 사생활 노출 등의 문제가 발생할 수 있어 별도의 휴대전화를 사용해야 했던 것인데, 지금은 그럴 필요가 없다. 스토리채널 어플을 설치하면 카카오스토리 개인 계정에서 로그아웃할 필요 없이 다수의 사람이 스토리 채널 계정으로 로그인해서 관리를 할 수 있다. 관리자로 지정된 사람이라면 누구나 글을 올리고, 댓글도 달 수 있다.

## 채널 활용 관련 통계 데이터 제공받기

통계 기능을 활용할 수 있다는 것도 장점이다. 개인 계정인 카카오스토리는 글의 도달률이나 친구 통계 등에 대한 자료를 제공받을 수 없다. 하지만 비즈니스 계정인 스토리채널의 경우 카카오스토리로부터 통계 자료 데이터를 언제든지 받아볼 수 있으며 그것을 통해 구체적인 마케팅 목표 및 계획 설정이 가능하다. 활동 수, 방문 수, 연령대별 체계적인 구독자 관리 기능을 제공받을 수 있으며, 작성한 글에 대한 상세통계도 확인이 가능하다. 해당 글의 총 노출 수, 팔로워들의 상세 진입 수, 날짜별 진입 수, 유입 경로, 구독자, 비구독자 수 등의 통계를 제공한다.

# 예약 시간대에
# 게시물
# 광고하기

또한 스토리채널의 경우 광고비를 사용하여 많은 사람들에게 해당 게시물이 도달될 수 있도록 광고를 할 수 있다. 개인 계정의 경우 광고를 할 수 없지만 비즈니스 계정에서는 스토리채널을 홍보할 수 있는 광고 시스템을 이용할 수 있다.

게시물에 예약 기능도 있어서 30일까지 글을 미리 써놓을 수 있다. 만약 일정이 급하거나 해외에 나가 있더라도 예약 기능을 활용해서 꾸준하게 글을 업데이트 해나갈 수 있다. 그러나 스토리채널의 글은 하루에 세 번밖에 노출이 되지 않는 점을 기억하자. 개인 계정의 경우 하루에 글을 100개 올려도 100번 모두 카카오스토리 친구를 맺은 사람들의 피드에 나타난다. 하지만 비즈니스 계정인 스토리채널의 경우 광고로 인한 피로도를 우려하여 하루에 세 번까지만 글이 노출될 수 있도록 설정되어 있다. 물론 글은 많이 올릴 수 있지만 사람들에게 도달되는 글은 세 개까지만 가능하니 참고하도록 하자.

# 04

# 카카오스토리
# 본격
# 실전 마케팅

## 채널 '구독'에서
## '구매'로
## 이어지게 하려면?

우리나라에 소셜커머스(쿠팡, 티몬, 위메프 등)가 등장하며 온라인쇼핑 업계에 파란을 일으켰던 때를 기억하는가? 당시 엄청난 트래픽을 발생시키며, 오픈마켓(G마켓, 옥션, 11번가 등)에 익숙해 있던 소비자들에게 새로운 온라인 구매 방식을 소개했다. 소셜커머스는 당시 모바일커머스의 성장이라는 사회적 트렌드와 보다 합리적인 가격을 원하는 소비자의 수요가 맞물리면서 빠르게 성장할 수 있었고, 소비자들에게 온라인 구매가 확실히 저렴하다는 인식을 가져다주었다.

소셜커머스는 취급 제품을 소비자들이 쉽게 이해하고 원하는 대로 잘 찾을 수 있도록 지역별, 쇼핑 목록별 구분을 짓고 여행, 공연, 뷰티, 생활육아, 디지털 등 각 카테고리로 나누어 접근하는 방식을 채택했다. 반면 SNS에서 이뤄지는 공동구매는 고객이 자신의 관심 카테고리 중 한 분야를 즐겨찾기 형식으로 '소식 받기'를 신청해 정보를 받아보다가 구매를 하게 되는 방식이다. 꼭 어떤 제품을 구매하려고 SNS에 접속하는 것은 아니지만, 채널을 살펴보다가 구매 욕구가 생겨서 구매를 하게 되는 식이다. 대부분 처음에는 구매를 고려하지 않았지만, 제품의 정보를 보고 나서 구매를 하는 패턴 때문에, SNS 홍보 채널은 사람들의 흥미를 끌 수 있는 상품으로 페이지를 구성하는 것이 무엇보다 중요하다.

카카오스토리에서는 대부분 공동구매 형식으로 판매가 이루어진다. 원래 공동구매라는 판매 형식은 일정 수준의 구매자가 모이게 되면 대량으로 싸게 구매를 하는 방식이지만, 최근에는 대부분 처음부터 저렴한 가격으로 제품을 제공하고 사람들이 모여 그 물건을 사는 방식으로 바뀌는 추세다.

## 판매 공지를 알릴
## 충성 구독자를
## 확보하라

공동구매가 성공하기 위한 조건으로는 우선 채널에서 공동구매 방식으로 상품을 판매한다는 사실을 많은 사람들에게 알려야 한다. 그러려면 기본적으로 카카오스토리 구독자를 일정 수준으로 확보하고 있어야 가능하다. 그리고 다른 온라인 판매에 비해 SNS 기반으로 판매가 이루어질 때는 구독자들의 충성도가 있기 때문에 판매나 홍보에 있어서 유리한 점으로 작용할 수 있다. 이러한 충성 구독자를 늘리기 위해 콘텐츠의 중요성이 부각되고 있는 것이다. 콘텐츠의 형식이 카드뉴스, 인포그래픽 등 가독성이 좋고 예쁜 디자인의 콘텐츠로 변화하고 있는 것도 바로 충성 구독자를 늘리기 위한 목적이다.

## 스토리채널
## 구독자 수를
## 늘리는 꿀팁

대부분의 SNS가 그렇듯 모든 활동의 핵심은 팔로워 확보다. 팔로워가 많아야 글을 썼을 때 더 많은 사람들이 볼 확률이 높아지고, 그 확률을 높이기 위해서 많은 사람들과 친구를 맺어야 하는 것이다. 콘텐츠가 좋으면 자연스레 팔로워가 늘어나는 것이 맞지만, 콘텐츠를 만드는 것이 쉽지 않고, 사람들의 기호가 제각기 다르기 때문에 친구를 늘리기 위한 확실한 방법 하나를 소개하려고 한다.

앞서도 말했듯 개인 카카오스토리는 친구를 1,000명까지만 확보할 수 있다. 먼저 개인 계정으로 불특정 다수에게 친구 신청을 해서 1,000명까지 친구 수를 확보하자. 개인 계정으로 마케팅을 하는 데 한계를 느끼거나, 스토리채널을 처음부터 키우고 싶은 사람들도 일단 개인 계정을 이용해 1,000명까지는 팔로워를 확보하는 것이 중요하다.

친구 수가 1,000명까지 확보되면 그 이후에는 자신의 친구들에게 스토리채널로 초대하기 버튼을 눌러 초대를 한다. 이렇게 개인 계정으로 친구를 맺은 후에 스토리채널로 초대하는 것이 핵심이다. 친구들이 초대 수락을 받으면 소식 받기 수가 늘어나고, 조금 더 수월하게 구독자를 모을 수 있다. 개인 계정을 여러 개를 만들어서 친구 수를 늘린 후 스토리채널로 친구를 초대하여 팔로워를 확보하는 방법도 있으니 참고하도록 하자.

## 구독자와
## 상품 구매자
## 타깃 맞추기

SNS의 큰 강점은 바로 '파급력'이다. 그 때문에 콘텐츠 공유를 최대한으로 이끌어내는 것이 무엇보다 중요하다. 무조건 할인이란 무기로 SNS 공유를 유도하는 것이 능사는 아니다. 무엇보다 내가 운영하는 카카오 스토리채널을 주로 구독하는 사람들과 내가 팔고자 하는 상품이나 브랜드의 타깃이 같은지를 고민해보아야 한다. 판매 상품의 타깃과 구독자의 성격이 잘 맞아야 계정에 올린 게시물을 공유해가는 액션도 많아질 것이고, 추가적인 확산이 이루어질 것이기 때문이다.

## 채널 자체에서
## 구매 분위기를
## 조성하라

다른 SNS 채널에서도 마찬가지지만, 공동구매 게시물에서 꾸준한 판매가 이루어질 수 있는 분위기를 조성하는 것 또한 상당히 중요하다. "재구매합니다. 저번에 써보았는데 넘 좋았어요"와 같은 댓글로 사람들이 상품을 구매하고 있다는 분위기를 형성할 때 매출도 훨씬 많이 발생하는 것을 확인할 수 있다. 그래서 채널을 운영하는 사람들끼리 서로 품앗이를 하는 식으로 긍정의 댓글을 달거나 '좋아요' 버튼을 누르는 등 최대한의 호응을 이끌어내면 좋다.

또는 많은 사람들이 상품을 원하고 있다는 이미지를 만드는 것도 중요하기 때문에, '고객들의 요청으로 인해 다시 진행합니다'와 같은 메시지를 첨가하면 상품의 간접홍보에 도움이 될 수 있다. '3차 매진, 4차 공구 시작' 등과 같은 메시지도 구매 분위기를 조성하는 데 도움이 된다.

## 공든 탑이 무너지지 않도록
## 채널 정책을 꼼꼼히 살피자

    카카오스토리 마케팅을 하려면 당연히 카카오스토리 정책을 확실하게 알아야 한다. 자칫 열심히 키워놓은 채널이 계정 정지나 삭제가 될 수도 있기 때문이다. 꼭 확인을 하고 마케팅 활동을 하도록 하자.

KakaoStory

## 카카오스토리 공지사항

### 1. 상품 판매 시 사업자 정보를 꼭 입력해주세요.

스토리채널에서 상품 판매 시에는 관련 법률에 따라 사업자 정보를 반드시 게재하셔야 합니다. 꼭 [채널 정보〉사업자 정보 설정] 기능을 통해 모든 항목을 빠짐없이 입력해주시기 바랍니다. 입력하지 않고 상품 판매를 하는 채널은 신고 또는 모니터링에 의해 제재될 수 있으니 주의해주세요.

### 2. 공동구매 진행 시 판매자 또는 중개자의 신원정보를 꼭 표시해주세요.

공동구매를 진행할 경우에는 본문 내 텍스트로 아래 내용을 꼭 기재하셔야 합니다. (이미지, 동영상, 외부 링크 페이지에는 접근이 어려운 사용자가 있을 수 있어 본문 내 텍스트로 입력한 것만 인정되며 그 외는 제재될 수 있으니 협조 부탁드립니다.)

### [예시]

"○○○(스토리채널명)은 공동구매 중개자로서 상품 주문, 배송 및 환불의 의무와 책임은 각 판매업체에 있습니다"와 같은 면책 사항과 함께 공동구매 판매업체 정보(상호, 대표자 이름, 주소, 전화번호, 이메일, 사업자등록번호) 또는 공동구매 진행 담당자 정보(이름, 전화번호, 이메일)를 명시. 정보 미입력으로 인한 제재는 신고 또는 모니터링에서 발견 당시 진행되므로 채널 개설 시/첫 글 작성 시부터 정보를 잘 입력해주시기 바랍니다.

앞에 제시한 정책은 카카오스토리의 판매 관련 정책이다. 이벤트 관련 정책도 추가로 확인해야 한다. 그런데 2015년 1월 1일, 카카오스토리에 한 획을 긋는 일이 일어났다. 바로 공유 이벤트를 금지시킨 것이다. 카카오스토리 내에서 가장 활발하게 활용되고 있었던 공유 이벤트를 더 이상 홍보 방법으로 활용할 수 없게 되었다. 이전까지는 카카오스토리 사용자들이 공유 이벤트 게시물을 본인의 스토리로 공유하면서 댓글로 숫자를 적어두면, 추첨을 통해 선물을 증정하는 방식으로 이벤트가 이루어졌다.

이러한 이벤트 방식은 SNS의 전파력과 손쉬운 이벤트 참여 단계 덕분에 많은 사람들 사이에서 스토리채널의 구독자를 늘리는 데 큰 효과를 볼 수 있었던 방법이었다. 하지만 공유 이벤트에 참여하는 사람들이 많아지면서 다른 일반 사용자들이 그 공유된 광고에 피로감을 느낀다는 불만이 커졌고, 이를 반영해 카카오스토리 측에서는 2015년 1월 1일부터 공유 이벤트를 금지시킨 것이다.

최근에는 글을 작성할 때 이벤트 글임을 표기하는 체크박스를 두어 카카오스토리와는 관계없는 이벤트라는 문구를 삽입할 수 있도록 개선되었다.

## 스토리채널의
## 다양한 기능을
## 활용하자

스토리채널은 사진을 20장까지 업데이트할 수 있으며 동영상은 5분, GIF는 1장까지 가능하다. 참고로 인스타그램에서는 동영상을 1분 분량까지 올릴 수 있다. 그리고 앞서 말했듯 최대 30일 이내까지 예약 글을 발행할 수 있으며, 자체적으로 구독자를 모을 수 있는 광고 기능도 있다. 일반적으로는 내 친구의 소식만이 피드에서 보이지만, 광고를 집행하게 되면 추천 소식이라는 문구와 함께 팔로워가 아닌 카카오스토리 사용자들에게까지 게시글이 노출이 된다. 일단 사용자들에게 노출이 되면 사람들이 소식 받기 버튼을 누를 확률이 높아지면서 보다 많은 구독자를 확보할 수 있다.

그 밖에 '소식 전파 쿠폰'이라는 것도 있다. 채널을 생성하면 기본 7일권을 지급받게 되는데, 이것을 사용하면 어느 구독자가 소식 받기를 눌렀을 때 그 친구들이 화면에 해당 채널 소식 받기를 시작했다는 알람식의 광고가 뜨면서 친구들에게까지 광고가 되는 시스템이다. 또 카카오스토리 내에서 인기 소식, 해시태그, 추천 채널·큐레이션을 통해 콘텐츠 노출 기회를 제공하면서 구독자를 확보할 수 있는 기회가 생긴다. 그리고 카카오가 다음과 합병하면서 다음 사이트에서도 카카오스토리의 글이 검색된다. 보다 많은 사람들에게 도달할 수 있는 요소가 될 수 있으니 참고하도록 하자.


## 플러스친구
## 계정을 통한
## 빠른 피드백


카카오스토리를 활용할 때, 카카오톡의 비즈니스 계정 서비스인 '플러스친구'를 이용하면 효과적인 이유를 몇 가지 살펴보자. 가장 큰 이유는 고객과 빠르게 소통을 할 수 있다는 점이다.

화면 오른쪽 상단에 카카오톡의 'TALK' 버튼이 보일 것이다. 이 버튼을 누르면 즉시 카카오톡 대화창이 열린다. 바로 이것이 플러스친구 서비스다. 예전에는 카카오톡을 하려면, 휴대폰 번호를 저장하거나 영문아이디를 이용해서 추가하는 단계를 거쳤다. 하지만 카카오톡의 상담 채널인 플러스친구를 활용하게 되면, 이런 단계 없이 바로 카카오톡을 이용할 수 있다. 또한 한글명으로 카카오톡을 만들 수 있다는 장점이 있다. 고객의 입장에서는 기억하고 검색하기가 더 수월해진 부분이다. 필자의 카카오톡 플러스친구 아이디는 '얼쑤'이니 교육과정 안내 및 SNS 마케팅에 대해 더 궁금한 부분이 있으면 언제든지 '톡'을 주셔도 좋다.

플러스친구는 고유의 URL 주소가 있다는 것도 장점이다. 개인 계정은 URL 주소가 없기 때문에 링크가 없다. 하지만 플러스친구는 카카오톡상에서 URL 주소를 제공한다. SNS상 게시글을 쓴 다음에 '궁금한 점이 있다면 링크를 클릭해주세요' 하고 URL을 입력하면 바로 카카오톡 계정에 실시간으로 접속할 수 있어 굉장히 간단하게 소통할 수가 있다.

## 단체 메시지
## 무료로 보내기

또 다른 장점은 무료 단체 메시지를 보낼 수 있다는 점이다. 이것은 굉장한 장점이다. 플러스친구를 통해서 상담을 받은 적이 있는 고객들에게 계속해서 광고 메시지를 보낼 수 있는 것이다. 기존의 문자 메시지보다 광고로 인식되는 것도 덜하고 카카오톡 어플로 받아보기 때문에 도달률도 상당히 높다.

무료 메시지는 월 일만 건씩 무료로 자동 충전되며 이월되지는 않는다. 만약 내가 플러스친구 2,000명이 있다면 다섯 번은 무료 메시지를 보낼 수 있는 것이다. 이후에는 건당 15원의 비용이 발생한다. 메시지는 기본텍스트형, 와이드이미지형, 와이드리스트형이 있으니 상황에 따라 적절하게 쓰도록 하자. 단 기본텍스트형을 제외하고는 무료 메시지가 아니라 비용이 드니 참고하자.

## 기본 텍스트형　　　(NEW) 와이드 이미지형　　　(NEW) 와이드 리스트형

## 여럿이 동시에
## 어플을 관리하기

　동시에 여러 사람과 같이 관리할 수 있는 매니저 기능을 활용할 수 있으며, 통계 기능을 이용할 수 있다는 부분도 강점이다. 기존의 카카오톡은 본인의 휴대폰으로만 사용할 수 있었지만, 플러스친구는 이와 별도로 어플이 있어서 어플만 깔면 동시에 여러 명이 같이 고객을 상담할 수 있다. 이렇듯 동시에 어느 누구의 휴대전화로도 상담이 가능하다는 장점과 더불어, 개인 카카오톡 계정과 비즈니스 계정을 구분해서 사용할 수 있기 때문에, 고객과의 대화는 비즈니스 계정에서만 이어가면서 사생활을 침해받지 않을 수 있다.

# 3부

가장 폭넓은 구매자층을 확보할 수 있는 페이스북

# 01

# SNS 채널의
# 최강자
# 페이스북

## SNS 채널
## 최강자로 등극한
## 페이스북

2004년, 마크 저커버그와 그의 친구들은 하버드대학교 재학 생들 사이에서 프로필과 정보를 공유할 목적으로 SNS 형태인 페이스북을 런칭했다. 그 이후 페이스북은 전 세계에서 가장 많은 이용자들이 사용하는 SNS 채널로 성장했으며, 한 달에 20억 명이 이용할 만큼 대중적인 서비스로 자리 잡았다. 2016년에는 시가총액(기업의 미래가치) 약 400조 원을 넘어섰다고 한다.

트위터가 140자의 글자 제한(현재 한중일을 제외하고는 280자로 확장)이 있던 것에 비해, 페이스북의 경우 장문을 쓸 수 있고 동영상, 문서 공유, 그룹, 페이지 등 다양한 기능을 활용할 수 있어 확장성이 뛰어난 채널로 여겨졌다. 엄청난 가입자 수와 더불어 콘텐츠 공유가 용이한 채널의 특성 때문에 이용자들이 페이스북에서 활동하는 체류 시간도 상당히 높은 편이다.

또한 위치 기반 서비스를 바탕으로 체크인 기능 및 주변 지역 광고하기 등 다양한 기능을 제공하고 있어 홍보 채널로 사용하기에도 효과적이다. 최근에는 인스타그램을 인수하면서 SNS의 강자로 확실하게 자리 잡았다. 또한 실시간 모바일 방송 플랫폼인 '페이스북 라이브' 서비스를 시작하면서 SNS 채널의 새로운 트렌드를 선도하고 있다.

페이스북의 가장 큰 장점은 10~20대뿐만 아니라 전 연령층에 걸쳐 다양하게 이용하는 SNS 채널이라는 점이다. 대기업의 CEO, 정치인, 연예인 등도 활발히 활용하고 있어 소통의 채널로 널리 인식되고 있다.

## 시간순에 상관없이
## 노출되는 콘텐츠

우리나라의 토종 SNS 채널인 카카오스토리는 내 친구의 글이 뉴스피드에서 시간순으로 나열되지만, 페이스북은 팔로워와의 평소 관계(소통)를 데이터로 계산해서 나열된다. 뉴스피드의 업데이트는 각 채널의 알고리즘에 따라 달라지며, 어떠한 기준으로 알고리즘이 설정되어 있는지는 정확하게 알 수 없다. 쉽게 말하면, 이용자와 팔로워 간의 친밀도(좋아요, 댓글, 공감, 공유, 체류 시간)를 계산하는 알고리즘에 의해서 과거에 내가 쓴 글도 현재의 내 친구에게 노출되는 것이 가능한 채널이다. 만약 내 글에 대한 반응이 꾸준히 좋다면 그 콘텐츠는 지속적으로 사람들에게 노출되고 전파될 수 있는 것이다.

페이스북의 다양한 마케팅 방법과 알고리즘에 대한 연구가 계속 이루어지고 있지만 본질적으로 가장 중요한 요소는 지속적인 콘텐츠 업데이트를 통해 많은 팬(친구, 페이지 좋아요)을 확보하는 것이다. 하지만 많은 사람들의 주목을 받을 수 있는 관심사를 바탕으로 팔로워를 많이 모았어도 이들에게 호기심을 주지 못하는 분야의 글을 자꾸 올리게 되면 반응이 떨어지게 마련이다. 이러한 특징을 잘 파악하고, 단순히 팔로워 수를 늘리는 것에만 집중하지 말고, 본인만의 콘텐츠와 타깃을 고려한 페이스북 마케팅을 시도해야 한다.

# 02

# 페이스북만이
# 제공하는
# 기능 파헤치기

페이스북만이
제공하는
'그룹' 서비스

페이스북으로 마케팅을 하는 데 있어서 가장 먼저 해야 할 일은 어떤 세팅으로 운영할 것인지를 결정하는 것이다. 다른 SNS 채널들과 마찬가지로 페이스북도 개인 계정은 일반적인 사람들이 사용하는 계정이다. 주로 타임라인에 자신의 글과 사진을 올리거나 다른 게시글을 공유함으로써 페이스북상 친구들과 소통할 수 있다. 그리고 자신의 네트워크를 활용해 퍼스널 브랜딩을 하는 것도 가능하다.

그 밖에 페이스북에는 커뮤니티의 성격을 띠면서, 같은 관심사를 가진 사람들의 모임인 '그룹'이라는 서비스가 있다. 새 글을 등록하면 이 사실을 알람으로 그룹의 멤버들에게 알려주기 때문에 정보를 빠르게 도달시킬 수 있다는 장점이 있다. 대부분 같은 목적을 가진 사람들이 협업을 할 때 많이 활용하는 채널이다. 그룹을 만들려면 페이스북 메인 페이지의 오른쪽 상단에 있는 그룹 만들기 버튼을 누른 후 그룹의 이름을 만들고 공개 범위를 설정하면 된다. 목적에 따라 공개그룹, 비공개그룹, 비밀그룹 중 하나를 선택하면 된다.

그룹에는 다양한 기능들이 있는데, 대표적으로 강제 초대 기능이 있다. 하지만 만약 사람들을 강제로 그룹에 초대하면, 오히려 반발감을 줄 수 있어 자발적임 참여와 그룹 활동에 지장을 줄 수 있다. 또 초대받은 그룹에서 탈퇴를 하면 영구적으로 다시 초대하지 못하게 할 수도 있다. 그 밖에 그룹의 이메일 주소를 따로 만들 수 있으며 그룹의 이메일로 보내면 글이 등록되는 기능도 있다.

## 새 그룹 만들기 ✕

그룹은 원하는 사람들과 소통하고 교류할 수 있는 특별한 공간입니다. 사진, 동영상을 공유하거나 대화를 나누거나 계획을 세우는 등 다양하게 활용해보세요.

### 그룹 이름 입력

### 사람 추가

이름 또는 이메일 주소 입력...

### 공개 범위 선택

그룹 공개 범위 설정에 대해 더 알아보기

🔒 **비공개 그룹**
누구나 그룹과 그룹 멤버를 볼 수 있으나 게시물은 그룹 멤버만 볼 수 있습니다.

🌐 **공개 그룹**
누구나 그룹과 그룹 멤버 및 게시물을 볼 수 있습니다.

✓ 🔓 **비공개 그룹**
누구나 그룹과 그룹 멤버를 볼 수 있으나 게시물은 그룹 멤버만 볼 수 있습니다.

🔒 **비밀 그룹**
그룹 멤버만 그룹과 게시물을 볼 수 있습니다.

# 홍보를
# 목적으로 하는
# '페이지' 계정

페이스북 '페이지'는 홍보를 목적으로 운영하는 계정이다. 페이지에서는 광고와 통계 기능 등 페이지만의 다양한 기능을 활용할 수 있다. 페이스북 사용자 간에 오가는 친구 신청의 개념이 아니라, 페이지의 경우에는 '좋아요' 버튼을 통해서만 팬을 확보할 수 있다. 페이지를 만들려면 페이스북 메인 페이지의 오른쪽 상단에 있는 페이스북 페이지 만들기를 누르고 페이지의 유형에 따라 매장 또는 장소, 회사, 브랜드, 제품, 개인, 엔터테인먼트, 비영리, 자선단체 등의 큰 카테고리를 선택한 후, 다시 작은 카테고리로 세부적인 내용을 설정한 다음 페이지의 이름을 작성하면 된다.

페이지는 홍보의 목적이 강하기 때문에 주로 사람들이 좋아할 만한 다양한 이벤트 및 정보성 콘텐츠를 올리는 경우가 많다. 또한 페이지에 운영자에게 연락하기 기능이나 페이지의 주인이 운영하는 홈페이지로의 유도, 제품 구매 유도 등을 설정할 수 있다.

페이스북에서도 동영상 서비스를 활용하는 등 새로운 콘텐츠 등록 방식이 등장하고 있다. 페이스북이 처음 등장했을 때에는 단순히 동영상을 타임라인에 올려 스트리밍하거나, 외부 링크를 공유하거나 유튜브의 영상을 링크하는 정도의 서비스를 제공하는 것에 불

## 페이지 만들기

Facebook 페이지는 여러분의 브랜드, 비즈니스, 단체 명의로 Facebook 활동을 펼치고 사람들과 소통할 수 있는 기회입니다.

아래에서 원하는 유형을 선택하여 여러분의 Facebook 페이지를 시작해보세요. 페이지는 언제든 무료로 만들 수 있습니다.

---

과했다. 하지만 최근에는 페이스북 라이브라는 서비스를 통해 라이브 스트리밍 영상을 타임라인에 올릴 수 있어 실시간으로 사용자들의 댓글을 확인하면서 양방향의 커뮤니케이션을 할 수 있는 환경을 제공하고 있다.

페이스북 라이브를 활용하고 있는 대표적인 사례로 JTBC 〈뉴스룸〉의 소셜 라이브 코너가 있다. 이 코너는 페이스북과 유튜브를 통해 동시에 방송된다. 주로 기자들이 시간 관계상 정규 편성 방송에서 자세하게 다루지 못한 뉴스의 뒷이야기나 페이스북 사용자들의 요청을 받아 심층 취재한 내용 등을 다루고 있다. 실시간으로 시청자들의 댓글을 받으며 소통하고, 동영상 클립으로 저장하여 언제든 다시보기 형식으로도 찾아볼 수 있게 하였다.

페이스북에 처음 가입을 하는 경우라면, 먼저 개인 계정으로 페이스북을 운영해보는 방향을 추천한다. 일단 개인 계정을 운영하며 페이스북의 전체적인 분위기에 익숙해지고 나서, 그룹이나 페이지를 열어 하나씩 시작해보는 편이 좋다. 개인 계정과 페이지를 통해 동시에 홍보를 진행할 수도 있다.

# 03

# 페이스북
# 페이지는
# 뭐가 다를까?

비즈니스 계정으로
반드시 페이지를
선택할 필요는 없다

　　페이스북은 개인 프로필 계정, 페이지, 그룹 등 다양한 서비스들을 제공한다. 앞서 이야기했지만 그중 개인 계정은 자신이 이름으로 활동하며 온라인의 지인들과 소통을 하는 가장 기본적인 서비스다. 또 페이지는 비즈니스 활동을 하는 사람들을 위한 서비스로 광고 및 이벤트, 통계 기능 등을 제공하고 있으며, 브랜드 마케팅을 하는 데 효과적으로 활용할 수 있다. 페이스북 그룹은 다른 멤버들과 소통할 수 있는 공간으로 관심사가 같은 사람들끼리 소모임처럼 활용할 수 있는 서비스다.

각 기능마다 서비스의 성격이 다르므로 페이스북을 하려는 목적에 따라서 계정을 개설하는 것이 중요하다. 계정을 선택하기 전에 페이스북 약관을 간단히 살펴보자.

**페이스북 약관** +

1. 본인이 아닌 타인을 사칭하거나 허위로 계정을 만들지 말 것.

2. 개인 계정을 2개 이상 만들지 말 것.

3. 상업적이 아니더라도 단체명으로 개인 계정을 만들어 활동하지 말 것.

4. 상업적인 목적으로 개인 계정을 사용하지 말 것.

약관에 따르면 결과적으로 홍보의 목적으로 페이스북을 활용할 때는 페이지를 운영해야 한다는 결론이 나온다. 개인 계정으로 상업적인 활동을 하게 되면 강제적으로 비즈니스 계정으로 전환되거나 계정이 비활성화될 수도 있으니 주의해야 한다.

그렇다면 페이스북으로 자신의 가게를 홍보하려 할 때, 개인 계정으로 운영해야 할까, 페이지 형식으로 운영해야 할까? 마케팅 강의에서 이 질문을 하면 대부분의 강사들은 페이지를 운영해야 한다고 답한다. '비즈니스=페이지'라고 생각하기 때문인데, 꼭 개인 계정이라고 해서 광고 효과를 기대할 수 없는 것은 아니다.

만약 음식점을 운영하는 사장이 가게를 홍보한다면 당연히 페이지를 운영해야겠지만, 가게를 운영하는 한 개인이라는 개념으로 페이스북을 운영한다면 어떻게 될까? 예를 들어 오늘 매장에 손님이 많다는 내용을 사장 본인의 페이스북 개인 계정에 올렸다고 가정해보자. 이것은 그저 나의 일상을 올린 것이라고 볼 수 있다. 하지만 더 넓은 의미에서는 자신의 매장에 손님이 많은 것을 알리는 행위이고, 음식의 맛이 좋아 사람이 많이 찾는다는 호기심과 궁금증을 유발할 수 있으며, 내가 가게를 운영하고 있다는 것을 간접적으로 알리는 광고가 될 것이다.

한편 페이지 계정은 공식 계정이기 때문에 개인 계정보다는 단어 선택 등에 있어서 여러 제약 사항이 있을 수 있다. 게다가 페이스북 친구를 맺는 사람들이 페이지를 광고의 개념으로 생각할 확률이 높다. 따라서 개인 계정을 통해 매장에 대한 글들이 노출된다면 광고로 인식되는 부분이 많이 절충될 수 있으며, 사람들에게 훨씬 친근하게 접근할 수 있을 것이다.

## 친구 신청 대신 좋아요를 눌러주세요

페이스북 개인 계정과 페이지를 조금 더 비교해보자. 페이스북 개인 계정과 페이지의 가장 큰 차이점은 친구 수의 제약이다. 개인 계정에서는 총 5,000명까지 친구를 맺을 수 있다. 하지만 페이지에서는 페이지에 좋아요를 누르는 사람들의 숫자가 무제한이다. 이 점만을 본다면 당연히 홍보를 위해서는 페이지 계정을 운영하는 게 효과적일 것이다. 하지만 개인 계정에 비해 페이지는 계정의 인지도를 키우기가 훨씬 더 어렵다.

개인 계정은 앞서도 언급했다시피 친구를 늘리는 것이 노력으로 가능하다. 즉, 많은 사람에게 소통하고 먼저 다가가서 친구 신청을 하고 수락을 받으면 친구 수가 늘어난다. 이런 활동을 통해 친구 수 5,000명까지는 확보할 수 있는 것이다. 그런데 페이지는 친구 신청의 개념이 아니다. 사람들이 페이지에 좋아요를 눌러야만 좋아요 수가 늘어나게 된다. 결국 사람들이 즐기고 볼 만한 콘텐츠가 있어야만 페이지의 좋아요 수가 늘어난다는 점이 개인 계정과의 가장 큰 차이점이다.

## 광고 기능은 페이지에서만 활용할 수 있다

그러나 광고나 통계 기능은 페이지에서만 사용할 수 있다. 페이스북의 큰 강점인 타겟팅 광고는 개인 계정에는 제공되지 않는다. 페이스북은 프로필뿐만 아니라 사용자의 관심사와 행동까지 분석하며 지역, 성별, 나이, 관심사까지 세세하게 구분해서 굉장히 디테일한 맞춤 타겟팅 광고가 가능하다. 또한 글의 도달률 등에 대한 부분들도 확인이 가능한데 이 모두가 비즈니스 채널인 페이지에서만 가능하다.

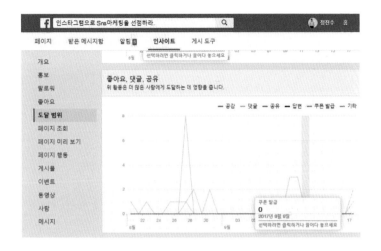

## 광고를 하지 않으면
## 페이지 도달률이
## 떨어진다

개인 계정에 비해 페이스북 페이지는 도달률이 현저하게 떨어진다. 현재 온라인상의 자료나 페이스북 자료들을 기준으로 도달률은 10~15% 정도로 유지되는 것이 평균적인 수치다. 이는 페이지의 좋아요 수가 100명이라고 했을 때, 페이지에 올라온 글을 100명 중 10~15명 정도 확인하는 확률을 의미한다. 페이스북은 도달률을 높이기 위한 방법으로 광고비 지불을 제안하는데, 이러한 정책은 페이지에 무분별하게 올려진 광고글로 인해 일반 사용자들이 피로해하지 않도록 하기 위한 페이스북의 운영 방향을 의미하기도 한다. 결국 개인 계정과 페이지를 동시에 활용하여 각 장점을 극대화해서 페이스북 마케팅에 활용하는 게 좋다.


## 페이지 광고 효과적으로 활용하기

페이스북 페이지의 가장 큰 장점은 타깃에게 맞춰 페이지 스폰서 광고를 할 수 있다는 것이다. 지역, 반경, 성별, 나이, 관심사 등으로 매주 세밀하게 타깃을 나누어서 광고를 노출시킬 수 있다. 하지만 타깃 맞춤형으로 페이지 스폰서 광고를 한다고 해서 팔로워가 반드시 늘어나는 것은 아니다. 여러분들도 페이스북의 타임라인에서 친구가 게재한 게시물과 '페이지 좋아요'를 유도하는 광고 게시물을 봤을 때 어떤 때에 더 쉽게 '좋아요'를 눌러는지 생각해보면 그 결과를 예상할 수 있을 것이다.

그 때문에 오로지 페이지의 팔로워 수를 늘리기 위한 유도성 광고를 집행하는 것은 추천하고 싶지 않다. 제아무리 팔로워가 많은 페이지라고 해도 글의 도달률이 10% 내외만 되어도 높은 수치라고 할 만큼 페이지 좋아요를 유도하는 광고의 효과는 생각보다 크지 않다. 그보다는 단 하나의 확실한 콘텐츠를 더 많은 사람들이 볼 수 있도록 게재한 특정 게시글을 홍보하는 것이 효과적이다. 참고로 페이스북 스폰서 광고를 신청할 때, 텍스트가 너무 많거나, 지나치게 상업적이거나, 기타 다른 문제의 여지가 있다면 페이스북 측에서 스폰서 광고를 승인해주지 않는다.

페이스북에서 광고 승인을 받으면 바로 광고가 적용되는데, 광고 진행 시, 같은 금액을 집행하더라도 광고 게재 일수를 더 길게 운영하는 쪽으로 설정하는 것이 좋다. 예를 들면 10만 원이라는 동일한 광고비를 사용할 때 10만 원을 하루에 모두 집중해서 노출시키는 데 사용할 것인지, 3일 동안 나누어 쓸 것인지를 선택해야 한다. 가급적 짧은 기간에 집중적으로 노출시키는 것보다는 긴 기간에 나누어 꾸준하게 노출시키는 쪽이 광고의 효율 면에서 더 좋다.

SNS를 이용하는 사람들은 대부분 제품을 구매하기 위한 목적보다는 다른 사람들과의 소통, 정보의 교환 등을 목적으로 하기 때문에 SNS의 광고 도달률이 다른 어떤 매체보다 높다고 해도 구매 전환율 면에서는 다소 떨어지는 경향이 있다. 따라서 최근에는 스폰서 광고에 동영상 콘텐츠를 포함시켜 제작해 사람들의 호기심을 자극하는 광고들이 많이 등장하고 있다.

또한 페이스북이 인스타그램을 인수함에 따라, 페이스북 페이지 광고를 인스타그램에서도 함께 진행할 수 있다. 하지만 인스타그램과 페이스북은 성격이 조금 다르기 때문에 같은 콘텐츠로 함께 광고를 진행하는 것은 추천하지 않는다.

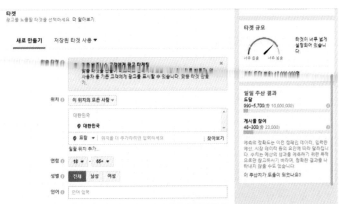

# 04 | 페이스북 백 퍼센트 활용하기

## 개인 계정과 페이지를 함께 운영하자

개인 계정과 페이지는 목적과 방법 면에서 상당한 차이가 있다. 따라서 두 계정을 함께 운영해 상호 보완의 효과를 누리는 것이 좋다. 특히 페이지를 처음으로 만들었을 때에는 좋아요를 눌러 페이지를 구독하는 사람이 적을 뿐만 아니라 개인적인 친분에 의해 맺어진 관계가 아니므로 관심을 끌기에 부족함이 생기게 마련이다. 이때는 페이지 타임라인에 글을 남기고 개인 계정으로 공유하는 방법, 개인 계정에서 페이지의 좋아요를 누르도록 초대하는 방법 등 개인 계정을 최대한 활용해 페이지 운영하도록 한다.

앞서 말했듯 페이지에는 빠르게 많은 사람들에게 노출시킬 수 있는 광고 기능이 있으므로 이를 십분 활용하는 것이 좋다. 개인 계정에서는 친구 수를 늘리고 글을 노출시키기까지 오랜 시간이 걸릴 수 있지만 페이지에서는 광고를 통해 빠르게 많은 사람들에게 게시물을 도달시킬 수 있으니 더없이 좋은 무기를 갖는 셈이다.

한편 개인 계정은 기업 대표의 철학과 같은 콘텐츠를 통해 퍼스널 브랜딩을 구축하는 도구로 사용하는 것이 좋다. 더불어 페이스북 친구들과도 친근한 소통을 통해 좋은 이미지를 형성할 수 있도록 한다. 개인 계정을 통해 긍정적인 콘텐츠를 지속적으로 포스팅 하다 보면 운영하는 회사에 대한 이미지도 긍정적으로 퍼뜨릴 수 있다.

한 가지 팁을 더하자면, 글을 올리는 시간도 중요하다. 많은 사람들이 페이스북에 접속하는 시간대에 포스팅을 올려야 좋아요와 댓글이 생성되고 공유가 이루어짐으로써 추가적인 도달률을 높일 수 있다. 가급적 개인 계정은 시간을 조절해서 올릴 수 있도록 하고, 페이지는 예약 기능을 활용에 본인이 인커느 타기의 트래픽이 가장 높은 시간대에 글이 노출되도록 하자. 모든 사람들이 잠든 시간이나 대부분 업무에 바쁜 시간에 글을 올리는 것은 되도록 자제하는 편이 좋다.

## 친구 태그 이벤트 등으로
## 페이지 활성화시키기

개인 계정이든 페이지이든 운영자가 친구나 팔로워들과 소통을 하지 않으면 성장할 수 없다. 제아무리 광고를 통해 수천, 수만의 좋아요를 이끌어냈어도 쌍방향의 피드백이 일어나지 않는 일방적인 콘텐츠를 올리기만 한다면 죽은 계정과도 같기 때문이다. 페이스북 친구들이 자발적으로 참여하고 공유할 수 있는 내용의 이벤트나 게시물을 통해 끊임없이 소통하는 것이 중요하다. 또 내 지인이 속삭이듯 말하는 댓글이나 공유, 언급 등을 통해서 지나치게 광고의 느낌이 나지 않도록 제품과 브랜드를 노출시키는 방식이 상당히 큰 강점이 될 수 있다.

따라서 한 번 글을 올리는 것으로 끝날 것이 아니라 친구 소환(@)과 친구 태그, 해시태그(#) 기능을 활용해서 더 많은 사람들에게 도달될 수 있는 콘텐츠를 개발해야 한다. 자신이 올린 글이나 공유한 글에 대한 반응이 좋으면 자신은 물론 주변의 친구들에게도 또다시 노출될 수 있는 확률이 높아지므로, 이 부분을 꼭 활용하는 것이 좋다. 친구 태그 기능이나 해시태그를 활용한 이벤트를 기획해서 많은 사람들에게 홍보하고 퍼뜨리는 것도 또 다른 방법이다.

## 동영상 콘텐츠
## 활봉하 기

　우리는 언제 어디서든 스마트 기기를 통해 동영상을 볼 수 있고, 누구나 쉽게 동영상을 제작해 업로드할 수 있는 환경에서 지내고 있다. 동영상은 이미지나 텍스트에 비해 쉽게 이해되고 전달이 잘되기 때문에 강력한 콘텐츠가 될 수 있다. 최근 페이스북이 동영상 광고에 관심을 나타내면서 동영상 콘텐츠 분야에서 유튜브와 페이스북이 두각을 드러내고 있는 중이다. 두 채널의 특징은 영상을 다운받아 감상하는 다운로드 형태가 아니라 웹상에서 바로 감상하는 스트리밍 형태라는 점이다. 이처럼 데이터 이용 방식이 변화함에 따라 페이스북에서도 동영상 중심의 이용자환경(UI)을 점차 확대하기 시작했고, 동영상 중간에 광고를 넣는 것도 검토 중이라고 한다.

시각과 청각을 모두 만족시키는 동영상 콘텐츠는 SNS를 가장 활발히 사용하는 10~20대 사용자들 사이에서 대표적인 콘텐츠로 자리 잡았다. 또 텍스트 위주의 콘텐츠에 비해 공유와 반응에서도 단연 앞서는 콘텐츠로 인식되고 있다. 따라서 자신이 홍보하려는 브랜드나 상품을 동영상으로 제작하는 것은 이제 필수다. 고객의 니즈에 부합하는 코드의 동영상과 시리즈물을 기획해 홍보한다면 짧은 시간 내에 메가히트급 효과를 내는 것도 충분히 가능한 일이다.

동영상 콘텐츠는 다른 소재에 비해 높은 관심도와 도달률을 보장하며, 즉각적인 반응도가 좋은 편이다. 보통 동영상은 최대 120분 내로 제작이 가능하며, 용량은 4G 이하로 지원된다. 업로드가 원활하지 않을 때에는 인코딩을 다시 하여 포맷을 바꾸거나 업로드 시 익스플로러보다 크롬브라우저를 사용하면 좀 더 원활하게 업로드할 수 있다.

유튜브는 동영상의 저장과 추천, 검색 등에 용이하다는 장점이 있다면, 페이스북은 네트워크 기반의 뉴스피드에서 자신의 친구의 글과 함께 광고가 노출된다는 장점이 있다. 또 페이스북 측에서 사용자의 관심사를 바탕으로 알고리즘 분석을 하여 광고물을 노출시키기 때문에 광고 효과가 클 수밖에 없다.

## 카드뉴스로
## 한눈에 사로잡기

페이스북과 인스타그램과 같은 SNS 채널에서 인생에 도움이 되는 글과 마음을 편안하게 만들어주는 이미지를 편집한 다양한 형태의 콘텐츠를 본 적이 있을 것이다. 또는 하나의 스토리를 단문 형태의 대사나 지문으로 나누어 제작해 넘겨볼 수 있게 만든 콘텐츠를 본 적이 있을 것이다. 바로 이것이 카드뉴스다. 카드뉴스를 만드는 데 있어서 가장 중요한 것은 가독성이다. 글자가 깨지거나 이미지가 잘리거나 하는 식으로 카드뉴스의 완성도가 떨어지면 SNS 사용자의 주목을 받지 못할 수밖에 없다.

무엇보다 SNS 사용자들이 제일 먼저 보게 되는 첫 장의 문장과 이미지가 상당히 중요하다. 대부분 사람들은 자신이 쓰고자 하는 글의 전제와 이유 등을 밝히고 자신이 하고자 하는 말을 가장 나중에 밝히는 기승전결, 서론 – 본론 – 결론 형식의 글쓰기에 익숙해 있다. 하지만 하루에도 수많은 콘텐츠들이 생산되고 있는 SNS상에서 그런

글쓰기는 외면당하기 십상이다.

SNS에서의 글쓰기는 두괄식, 즉 결론부터 써야 한다. 자신이 전하고자 하는 핵심 주제를 상단에 배치하고 가급적이면 사용자들의 눈에 띄도록 자극적이고 호기심을 유발하는 글로 꾸며야 한다. 또한 한 장의 이미지로도 내용을 충분히 전달할 수 있도록 압축적이고 함축적인 이미지를 잘 골라야 한다.

대부분 카드뉴스는 정사각형으로 제작하지만, 가로형과 세로형 등 채널마다 최적화된 사이즈가 다르니 자신의 스타일이나 브랜드에 맞게 제작하는 것이 좋다. 많은 사람들이 유머, 쇼킹, 감동, 귀여움(아기, 동물), 정보 등을 소재로 한 콘텐츠를 잘 공유한다고 알려져 있다. 자신의 홍보 아이템과 접목할 수 있는 스타일과 소재를 찾아 콘텐츠를 제작해보도록 하자.

카드뉴스는 대부분 정보성 콘텐츠가 주를 이루지만, 각각의 목적에 맞게 만들어지고 있다. 또 깔끔하게 다른 위인들의 명언이나 좋은 글귀를 가져다가 마지막에 자기가 원하는 방향에 맞게 광고나 홍보를 하는 경우가 많이 있으니 참고하도록 하자. 예를 들면 '서울에서 가봐야 할 명소 9!'라는 제목으로 카드뉴스를 만들면서 8곳의 명소와 함께 자신의 매장을 포함시킴으로써 정보 전달과 홍보의 효과를 높이는 방식으로 카드뉴스를 제작하는 것이다.

다음은 카드뉴스의 한 예시이다.

월드클래스 김형준이 말하는

# 세일즈의
# 7가지 매력

# 1 Time Free

출퇴근 시간이 정해져 있는 샐러리맨에 비해 세일즈맨은 매우 자유롭다.
월요일에 영화를 보거나, 주말에 일을 끝내 평일에 여행을 가는 등
원하는 대로 시간을 활용하는 게 세일즈맨의 최고 장점이다.

## 2 Money Free

아무리 열심히 잘해도 급여가 정해진 샐러리맨과 달리
세일즈는 자신의 실적에 비례해 급여를 받을 수 있다.
노력한 만큼 정당하게 돈을 버니 능률도 잘 오른다.

## 평생직장 3

요즘 공무원 준비 하는 사람이 많은 이유는 안전한 급여와 퇴직 연금 때문.
또 통계에 따르면 연봉, 직무 등의 문제로 이직자는 늘고 있지만
이직자의 71%는 여전히 같은 문제를 겪고 있다고 한다.
하지만 세일즈에 성공한다면 한 가지 일로 평생 먹고 살 수 있다.

# 4
## 사람을 얻는 직업

사람을 만나는 세일즈를 잘한다면, 고객은 다양한 사람을 소개해 주고
자연스레 늘어난 인맥으로 서로 도움을 주고 받을 수 있다.
성공한 세일즈맨은 돈보다 소중한 사람을 얻는다.

# 5
## 수평적인 관계

일반 회사는 입사시기, 직급에 의해 수직적 관계가 형성된다.
그래서 일보다 사람 때문에 받는 스트레스가 더 많다고 한다.
반면 세일즈는 매니저와 파트너로 수평적 관계를 이룬다.
경험을 알려주고 서로 성공을 도와주는 협력자인 것이다.

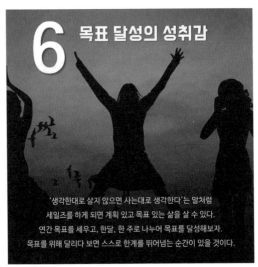

# 6 목표 달성의 성취감

'생각한대로 살지 않으면 사는대로 생각한다'는 말처럼
세일즈를 하게 되면 계획 있고 목표 있는 삶을 살 수 있다.
연간 목표를 세우고, 한달, 한 주로 나누어 목표를 달성해보자.
목표를 위해 달리다 보면 스스로 한계를 뛰어넘는 순간이 있을 것이다.

# 7 다양한 선택의 폭

영업사원으로의 길이 있고, 팀장이나 지점장처럼
사원을 관리하는 매니저, 필드를 지원하는 본사 스텝 등
자신의 역량과 적성에 맞게 선택 할 수 있는 폭이 넓다.

## 라이브 방송을
## 활용해 홍보하기

　　인터넷 라이브 방송은 유튜브나 페이스북이 등장하기 이전부터 존재했다. 주로 아프리카 TV와 같은 라이브 영상 채널에서 활동하는 BJ들과 이를 즐겨 보는 시청자들 사이에서 확실한 매체로 자리 잡고 있었다. 이들 매체와 BJ, 시청자들은 전통적 매체들의 일방적인 전달 방식과 달리 정보의 전달자와 수용자가 쌍방으로 커뮤니케이션할 수 있다는 특징을 최대한 즐기면서 새로운 트렌드를 탄생시켰다. 그러던 중 인터넷의 빠른 성장과 모바일 플랫폼, SNS 채널의 등장이 맞물리면서 더욱 많은 사람들이 라이브 방송을 경험할 수 있게 되었다. 그리고 페이스북의 마크 저커버그는 이러한 사용자들의 트렌드를 빠르게 파악해 페이스북과 인스타그램에 라이브 방송을 런칭했다.

　　"우리는 오늘 모든 사람들을 위해 페이스북 라이브를 런칭합니다. 라이브 영상을 더 쉽게 만들고, 공유하며 찾을 수 있도록, 라이브는 당신의 주머니 속에 있는 TV 카메라와 같습니다. 이제는 누구나 휴대폰을 이용해 다른 누군가에게 영향을 줄 수 있는 방송을 할 수 있죠. 당신이 라이브로 소통할 때, 사람들과 더욱 개인적으로 친밀하게 연결되어 있다고 느낄 것입니다. 이는 우리가 소통하는 방식에 큰 변화를 불러일으킬 것이며, 사람들이 서로 함께하는 기회를 만들어낼 새로운 방식이 될 것입니다."

마크 저커버그가 SNS가 또 다른 문화를 탄생시킬 것이라는 예측을 근거로 삼아 라이브 방송을 시작한 것이다. 페이스북 라이브 방송은 별 다른 장비가 없더라도, 휴대폰 하나와 페이스북 어플만 있으면 방송할 수 있다는 것이 가장 큰 장점이다. 요리, 노래, 취미, 여행 등 어떤 주제의 콘텐츠를 방송하든 자신의 일상을 실시간으로 중계하는 것이 가능해진 세상이다.

페이스북 라이브를 활용한 케이스로 가장 대표적인 것이 '버즈피드'라는 미디어 기업에서 고무줄 700개를 이용해 수박을 터뜨리는 방송을 진행한 사례다. 해당 라이브 방송은 동시 접속자 80만 명, 생방송 후의 조회 수 천만 회를 기록하며 페이스북 라이브 콘텐츠의 효과를 증명해냈다. 이는 단순히 100만 구독자를 확보하고 있다고 해서 가능한 일이 아니다. 쉽게 예측할 수 없는 라이브 콘텐츠의 특징을 적절히 활용하고, 어떤 사람들과 함께 이야기할 것인지를 고려해야 한다.

게다가 페이스북 라이브의 장점 중 하나는 반드시 라이브 방송으로 진행하지 않아도 무방하다는 점이다. 사전 제작한 방송을 라이브 방송의 형태로 제공하면 보다 높은 퀄리티의 영상을 제공할 수 있으므로 참고하길 바란다. 무엇보다 중요한 것은 라이브 콘텐츠를 제공하면서 실시간으로 사람들의 반응을 체크할 수 있고, 소

We're doing the first ever Facebook Live from space tomorrow! I'll be going live from Facebook HQ with astronauts on the International Space Station tomorrow, June 1st, at 9:55am PT. Leave your questions for the astronauts in the comments below and I'll ask as many as I can.

👍 244K   💬 22K   ➤ 16K

라이브 방송 출시를 라이브 방송 형식으로
홍보하고 있는 마크 주커버그.

---

통할 수 있음을 기억하자. 한편 페이스북 라이브 방송에 15초 광고 삽입을 추진 예정 중이라고 하니, 앞으로도 또 어떻게 변화가 될지 지켜봐야 할 것 같다.

라이브 방송을 통해 광고를 푸시할 수도 있다. 라이브 방송을 시작하면 친구들에게 알람이 가게 되는데, 만약 광고를 삽입하게 된다면 자연스럽게 푸시 마케팅 효과를 누릴 수 있을 것이다. 먹방, 메이크업 뷰티 방송 등 다양한 크리에이터들이 1인 방송을 통해 더욱 활발하게 활동함에 따라, 앞으로 SNS 채널에도 새로운 바람이 불어올 것이라고 예상해본다.

# 4부

## SNS 대세! 인스타그램

# 급성장하는 SNS 인스타그램

## 사진 중심의 SNS, 인스타그램

'인스턴트'(instant)와 '텔레그램'(telegram)이라는 단어를 합성해 만든 인스타그램은 2010년에 케빈 시스트롬과 마이크 크리거가 "세상의 순간들을 포착하고 공유한다"(Capturing and sharing the world's moments)라는 슬로건을 내걸고 개발한 소프트웨어다.

인스타그램은 서비스 초반에는 연예인과 스포츠 선수 등 유명인들이 사진을 올리기 시작하면서 유명세를 얻었고, 점차 일반인 이용자들로 확산됐다. 2011년 1월에는 사용자들이 점차 늘어남에 따라 게시물이나 계정을 손쉽게 찾을 수 있는 해시태그 기능을 추가하기도 했다. 2012년 4월, 가입자 1억 명을 돌파했으며, 2014년 12월에 3억 명을 돌파했다. 한 달에 한 번 이상 서비스에 접속하는 사람을 기준으로 따졌을 때 국내 월 이용자 수는 2017년 6월 기준 633만 명으로 매년 급성장하고 있다. 2012년 4월 페이스북에 10억 달러에 인수되었으며, 인수 후에도 독립적으로 운영되고 있다.

만 14세 이상이면 누구나 무료로 사용할 수 있으며, 페이스북 계정 또는 이메일을 이용해 계정을 생성할 수 있다. 사용자들은 사진이나 동영상을 업로드해 이를 팔로워나 친구들과 공유할 수 있다. 또한 다른 친구들이 공유한 게시물에 댓글을 남기고, 좋아요를 누를 수 있다. 인스타그램이 널리 알려진 이유 중 하나인 필터 효과 기능은 사진을 사용자들이 원하는 스타일로 꾸며주어 전문가 못지않은 결과물을 업로드할 수 있도록 도와준다.

인스타그램의 성장에 자극을 받아 사진을 중심으로 하는 많은 SNS들이 출시되었지만 좋은 성적을 거두지는 못했다. 카카오 '플레인' 서비스도 2017년 종료되었으며, 네이버 '폴라' 역시 월 이용자 수가 급감하면서 인스타그램의 벽을 넘지 못하고 있다.

# 해시태그를
# 이용한
# 빠른 검색

인스타그램의 가장 큰 특징을 꼽으라고 한다면 단연 마케팅 툴로 사용할 수 있는 해시태그다. 처음에는 관련 정보를 묶는 정도의 기능으로 쓰였지만, 지금은 검색 등 다른 용도로도 쓰인다. 특정 단어 또는 문구 앞에 해시('#')를 붙이면 연관된 정보를 한 번에 검색할 수 있도록 도와주는 기능이다. 해시(hash) 기호를 써서 게시물을 묶는다(tag)는 의미에서 해시태그라는 이름이 붙었다. 단, 해시 기호 뒤에 쓰는 문구는 띄어쓰기를 인식하지 않으므로 적절히 문구를 골라야 한다. 하지만 이러한 제약이 마케팅 채널로서의 인스타그램을 더욱 매력 있는 도구로 만들어주는 요소이기도 하다.

더불어 네이버나 구글과 같은 포털사이트에서 검색 서비스를 이용하던 사용자들이 포털 업체들의 노골적인 광고에 싫증을 느낀 나머지 더 이상 신뢰하지 않게 되었고, 수많은 검색 결과를 일일이 살펴보면서 자신이 원하는 정보를 찾는 것을 지루하게 느끼기 시작하면서 인스타그램에 대한 호응은 더욱 커졌다. 인스타그램에서는 해시태그에 자신이 검색하고자 하는 단어만 더해 검색을 하면 간단히 스크롤을 내리는 것만으로 예쁜 사진과 정보들을 쉽게 검색할 수 있기 때문이다.

해시태그 기능은 트위터에서 시작되었지만, 2011년 1월 인스타그램에서 해당 기능을 선보인 이후로 매우 중요한 검색 도구로 자리 잡았다. 사진 공유 서비스의 한계를 뛰어넘어 같은 관심사를 지닌 사용자들 간에 활발한 소통의 장을 만드는 데 큰 역할을 한 것이다.

## 인스타그램에서
## 통하는
## 이미지 마케팅

또 인스타그램은 사진을 기반으로 하기 때문에 사람들에게 흥미를 유발하는 비주얼 중심의 마케팅이 상당히 활발하게 진행되고 있다. 예를 들어 망원동의 어떤 카페의 경우, 입구를 자판기 모양으로 바꾸어 인증샷을 찍는 재미를 더해 매장을 찾는 유인 요소로 삼았다. 특색 있는 인테리어를 비롯해 흥미로운 이미지들이 인스타그램에 공유되어 입소문을 타게 되면, 당연히 더 많은 사람들이 사진을 찍기 위해 그 공간에 몰리게 되는데, 해당 카페는 한때 한 시간씩 줄을 서야 하는 관광명소로 자리 잡기도 했다.

또 많은 사람들이 이용하는 지하철 손잡이를 색다른 광고 아이템으로 활용하는 사례도 있다. 마치 진짜 치킨이 매달려 있는 것처럼 손잡이에 치킨 모형을 달아두어 퇴근하는 사람들의 입맛을 당기게 만드는 것이다. 사람들은 이러한 흥밋거리를 사진으로 찍어 자신의 SNS 계정에 올리기도 하고, 이것이 공유되어 퍼지면서 입소문이 나기도 한다. 이처럼 좋은 콘텐츠만 있다면 인스타그램은 그 콘텐츠를 퍼트려줄 수 있는 가장 강력한 채널이 될 것이라 예상한다.

비주얼적인 요소로 인스타그램 사용자들을 끌어
들이고 있는 '잡 판매'

사진과의 사진, 소비자와 인스타그램에서
사 제작물을 보여준 한 바이럴마케팅 사례

# 02 | 인스타그램
기능
정복하기

## 인스타그램 계정
추가하기

인스타그램은 한 휴대폰에서 계정을 다섯 개까지 동시에 운영할 수 있다. 지인들과의 소통은 개인 계정을 활용하고, 비즈니스를 목적으로 추가 계정을 만들고 싶은 사람들은 인스타그램의 설정에서 계정 추가를 하면 된다. 개인 계정 외에 추가된 계정으로 전환하는 방법은 개인 프로필 메인 화면에서 프로필 사진의 '+' 표시를 누르거나 프로필 수정을 누르고 있으면 계정 전환 화면이 나온다. 이러한 기능을 통해 클릭만 하면 별도의 로그인 없이 바로 계정이 전환된다.

# 24시간이
# 지나면 사라지는
# 스토리 게시물

인스타그램에서는 '스토리'라는 기능도 추가했다. 24시간이 지나면 사라지는 짧은 영상 또는 연속 사진 게시물로, 페이스북 이외에 다른 SNS와는 차별화된 기능이다. 피드의 상단에 위치하며 자신이 팔로우하고 있는 사람들의 스토리만 보인다. 스토리 기능의 구성을 살펴보면, 사용자가 촬영한 영상 또는 사진에 손글씨를 넣거나 타이핑을 하는 것이 가능하다. 색상 및 굵기 조절도 가능하다. 그리고 편집된 화면에 필터를 설정할 수도 있어서 다양한 방식으로 글을 쓸 수 있다.

또 하나의 특징은 스토리의 게시글에 방문한 사람을 확인할 수 있다는 것이다. 눈동자 모양의 숫자는 이 글을 확인한 사람의 수를 나타내며, 게시물을 위로 밀면 방문자 리스트를 확인할 수 있다. 보통의 피드글에서는 방문자 확인을 할 수 없다. 또 스토리에 댓글을 달면 쪽지로 전달이 된다.

초대

f　Facebook 친구 초대　　　>

팔로우

f　Facebook 친구 찾기　　　>

연락처 125개　　　　　　>

계정

스토리 설정　　　　　　　>

프로필 편집　　　　　　　>

비밀번호 변경　　　　　　>

회원님이 좋아한 게시물　　>

# 필터를
# 활용한
# 라이브 방송

앞으로 SNS를 1인 미디어로 확실하게 자리 잡게 만들어줄 라이브 방송 기능을 인스타그램에서도 제공하고 있다. 인스타그램에서도 실시간 생방송을 SNS 팔로워들에게 중계할 수 있게 된 것이다. 생방송이 종료된 라이브 방송은 다시 보기 동영상으로 스토리에 공유하거나 '삭제'를 눌러 앱에서 사라지도록 설정할 수도 있다. 라이브 영상 다시 보기 기능을 이용하면 스토리에서 방송 내용을 24시간 동안 공유하며 더 많은 사람들과 소식을 나눌 수 있다.

페이스북과 마찬가지로 인스타그램에서 라이브 방송을 하게 되면 팔로워들에게 라이브 방송을 알리는 푸시 알림이 전달된다. 또 누가 보고 있는지 몇 명이 보고 있는지를 확인할 수도 있다. 지난 9월부터는 라이브 방송에 페이스필터를 사용해서 더욱 부담 없이 생방송을 할 수 있도록 하는 등 새로운 기능들이 추가되고 있다.

# 태그 달기와
# 게시물
# 저장 기능

　　인스타그램은 공유 기능을 사용할 수 없지만 나를 태그한 사람들에 대한 글을 모아 볼 수 있으며, 또 내가 다시 보고 싶거나 마음에 드는 글을 저장할 수 있는 기능이 있다. 또 나를 태그한 사람들의 글을 내 인스타그램에서 확인할 수 있고, 자신의 팔로워들에게도 그 글을 보이도록 할 수 있는 기능이 있다.

　　이 기능을 제대로 활용하려면 인플루엔서의 계정에 태그를 거는 것도 좋은 방법이다. 그리고 다시 보고 싶거나 좋아하는 게시물이 있다면 해당 게시물의 글 밑에 있는 오른쪽 리본 모양을 눌러서 내 인스타그램 저장 폴더에 모아놓도록 하자. 컬렉션이라는 이름으로 해서 그룹으로 모아놓는 것도 가능하다.

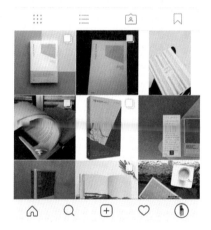

# 03 | 인스타그램 비즈니스 계정 활용하기

## 비즈니스 계정으로 변경하기

모든 SNS에는 비즈니스 계정 기능이 존재한다. 인스타그램에도 비즈니스 계정이 존재하는데 카카오스토리의 '스토리채널'이나 페이스북 '페이지'처럼 따로 명칭을 부여하지는 않고 개인 계정에서 바로 비즈니스 계정으로 변경이 가능하다.

　　위 그림에서 보이는 좌측이 개인 계정의 프로필 화면이고 우측이 비즈니스 계정의 프로필 화면이다. 비즈니스 계정은 개인 계정과 달리 통계 기능을 사용할 수 있고 프로필에 전화번호, 이메일, 위치 등의 정보를 제공할 수 있다.

　　인스타그램에서 비즈니스 계정으로 전환하려면 페이스북의 페이지가 있어야 한다. 그리고 개인 계정의 프로필에서 설정 버튼을 누르면 아래 그림과 같은 여러 옵션 버튼을 만나게 된다. 그중 비즈니스 프로필로 전환하기 버튼을 누르면 자신의 아이디와 동일한 비즈니스 계정을 만들 수 있다. 안내 메시지를 따라 진행하다 보면 자신이 관리하는 페이스북의 페이지로 연동되는 단계에 이른다. 페이지를 개설하는 데는 5분 정도밖에 걸리지 않으니 인스타그램 비즈니스 계정도 금방 만들 수 있다.

## 게시물 노출과
## 조회 횟수를 알려주는
## 통계 기능

인스타그램의 비즈니스 계정에는 인사이트 기능이 포함되어 있다. 인사이트 기능은 두 가지로 구분할 수 있는데, 첫 번째는 계정의 전반적인 통계 기능이다. 프로필 화면 상단에 그래프 모양을 누르면 확인할 수 있다. 주요 통계로는 모든 게시물이 조회된 총 횟수를 알 수 있는 '노출', 프로필이 조회된 횟수를 알 수 있는 '프로필 조회', 프로필에서 웹사이트 링크를 누른 횟수를 알 수 있는 '웹사이트 클릭', 문자 메시지 보내기를 누른 횟수를 알 수 있는 'SMS 클릭', 이메일 보내기를 누른 횟수를 알 수 있는 '이메일 보내기 클릭', 팔로워의 인스타그램 평균 이용 시간을 알 수 있는 '팔로워'가 있다.

각 게시물별로 통계 수치를 확인할 수도 있다. 자신의 글에 좋아요를 누른 개수, 해당 게시물을 저장한 고유 계정의 수인 '저장한 사람의 수', 인스타그램 게시물이 다른 사람들에게 보여진 총 횟수인 '노출수', 게시물을 본 고유 계정의 수인 '도달수', 게시물에 좋아요 또는 댓글을 남기거나 게시물을 저장한 총 횟수인 '참여'의 통계를 확인할 수 있다.

## 스폰서
## 광고를 통한
## 게시물 노출

또 인스타그램 비즈니스 계정에는 스폰서 광고 기능이 있다. 스폰서 광고를 진행하면 인스타그램 사용자들에게 스폰서라는 타이틀과 함께 광고가 노출된다. 일반적으로 인스타그램은 내 게시물을 내 친구들에게 보여주는 것이지만, 스폰서 광고를 통해 친구가 아닌 다른 사람들에게도 노출되도록 도와준다.

우선 프로필에서 홍보하기 버튼을 누르거나 포스팅을 한 후 해당 포스팅을 클릭해 홍보하기 버튼을 누르면 된다. 광고 기능을 활용하기 위해서는 다섯 가지를 설정해야 한다. 첫째 랜딩페이지, 둘째 행동유도 버튼, 셋째 타겟, 넷째 예산, 다섯째 기간이다.

첫째, 랜딩페이지는 행동유도 버튼을 클릭할 경우 어떤 경로로 이동할지를 결정하는 곳이다. 만약 자신이 운영하는 쇼핑몰이나 블로그가 있다면 해당 웹사이트의 URL을 입력하면 된다.

둘째, 행동유도 버튼(더 알아보기, 동영상 더 보기, 지금 구매하기, 지금 예약하기, 가입하기, 문의하기)을 눌러보자. 이 버튼은 이미지

또는 동영상 아래에 표시되며, 사용자가 미리 설정해놓은 랜딩페이지로 이동하게 된다. 일반적으로는 광고라는 느낌을 주지 않는 '더 알아보기'를 주로 사용한다.

셋째, '타겟'은 자신의 광고를 보게 될 사람들에 대한 정보를 저장하는 곳이다. 자동과 직접 만들기로 구분되는데, 직접 만들기에

서는 자신이 원하는 대상으로 세분화된 광고를 진행할 수 있게 도와준다. 직접 만들기에서 설정할 수 있는 것은 세 가지라고 보면 된다. 나의 광고가 노출될 위치, 나의 광고를 보게 될 사람의 연령, 그리고 성별을 선택할 수 있으므로 보다 세부적인 타깃 광고가 가능하다.

넷째, 예산은 자신의 광고를 노출시키는 데 따르는 광고 비용을 정하는 부분이다. 광고비에 따라 추산 도달수가 결정되며, 도달 규모 예측은 최소에서 최대치의 숫자로 나온다. 인스타그램은 페이스북처럼 공유하기 기능이 없기 때문에 확산성이 떨어지므로 거의 최소의 수치로 봐야 한다.

다섯째, 기간은 자신의 광고 예산을 얼마 동안 나누어서 쓸 것인지를 결정하는 부분이다. 하루에 많은 돈을 쓰는 것보다 여러 날에 걸쳐 나누어서 쓰는 것이 효율적이니 예산을 적당하게 나누어서 쓰도록 하자. 사용자에게 표시되는 광고는 주로 사용자가 방문했던 웹사이트나 좋아요를 눌렀던 정보를 바탕으로 결정된다. 이는 모회사인 페이스북의 사용 정보까지 모두 수집한 후 분석한 결과치다.

또한 광고 글 오른쪽에 표시된 버튼을 누르면 광고 숨기기, 광고 신고하기, 인스타그램 광고 정보 이렇게 3개의 기능이 나오니 참고하도록 하자.

　　만약 비즈니스 계정을 더 이상 사용하지 않을 경우, 다시 개인 계정으로 전환할 수 있으나 기존에 진행했던 홍보와 광고가 모두 중단되고, 해당 게시글의 인사이트를 참조할 수 있는 권한이 없어지니 신중하게 생각하고 전환할 것을 추천한다.

# 인스타그램 마케팅 핵심 공략

## 이미지를 활용한 마케팅

　인스타그램에서의 마케팅은 다른 SNS 채널들과는 다르게 시각적인 부분에 좀 더 중점을 둬야 한다. 대부분의 SNS 채널은 글이 상단에 보이고 사진이 하단에 위치하는 반면, 인스타그램은 사진부터 나오고 글이 하단에 위치하기 때문이다. 인스타그램이 이미지 중심의 SNS로 자리 잡게 된 주요한 이유이기도 하다. 따라서 인스타그램을 활용할 경우에는 사용자들의 시선을 끌 수 있는 이미지가 무엇보다 중요하다.

물론 다른 SNS 채널과 비교할 때 인스타그램이 사용하기 불편한 부분도 몇 가지 있다. 첫째, 링크가 걸리지 않는다. 일반 사용자들에게는 별로 중요한 문제가 아닐 수 있지만, 인스타그램을 마케팅 목적으로 사용하려는 사람들에게는 치명적인 기능의 부재다. 하나의 콘텐츠에 효과적으로 내보일 수 있는 내용 분량상의 한계도 있거니와 내용 이외에는 사진이나 짧은 동영상이 표현 수단의 전부라 추가적인 정보를 제공하기가 쉽지 않다. 구매로 이어질 수 있는 쇼핑몰 등의 링크를 등록하지 못한다면 결국 사용자들이 해당 쇼핑몰의 주소를 직접 검색하거나 복사해서 접속해야 하는 수고를 떠안을 수밖에 없다. 그나마 다행인 것은 프로필에서 링크 하나는 외부로 이동할 수 있으니 필요한 사이트가 있다면 URL을 넣을 수 있다는 점이다. 또한 콘텐츠의 광고를 집행할 경우에도 원하는 페이지로 링크를 걸 수 있다.

둘째, 공유가 되지 않는다. SNS의 가장 큰 장점은 정보가 쉽게 공유된다는 점이다. 만약 공유가 되지 않는다면 우리가 이렇게 힘들어서 SNS 마케팅을 할 이유가 없지 않겠는가. 그런데 인스타그램에는 글을 공유할 수 있는 리그램이나 리포스트 등의 외부 어플이 있긴 하지만, 공식 어플 내에서는 공유라는 기능이 없다. 따라서 정보의 확산에 있어서는 분명한 제약이 있음을 참고하길 바란다.

그러나 이러한 제약 때문에 일반 사용자들에게 인스타그램에는 광고성 게시물이 많지 않다는 인식이 생겼고, 그로 인해 인스타그램이 빠르게 성장할 수 있었다고 분석하기도 한다. 그럼 이제 인스타그램 마케팅 방법에 대해 자세히 알아보도록 하자.

## 호응 높은 해시태그를 확보하라

인스타그램은 다른 SNS 채널과 달리 해시태그를 통한 마케팅에 최적화되어 있다. 앞서 보았듯 포털사이트의 검색 결과에 대한 신뢰도 하락과 해시태그 검색 결과의 높은 시인성이 적절하게 맞아떨어져 많은 SNS 사용자들이 인스타그램을 통해 관심 있는 검색어를 찾아보기 시작했다.

해시태그를 통해 마케팅을 하기 위해선 사람들이 관심을 갖는 단어를 유심히 분석해 자신의 콘텐츠와 연결시키는 것이 중요하다. 해시태그를 분석하는 방법 중에서 가장 기본적인 것은 해당 해시태그로 작성된 글이 몇 개나 되는지를 파악하는 것이다. 작성된 글의 수가 많을수록 해당 해시태그와 관련된 콘텐츠가 사용자들에게 인기가 많은 것을 의미하고, 그 해시태그로 검색할 경우의 수도 많아진다. 하나의 게시물에는 최대 30개까지 해시태그를 입력할 수 있다.

건돌이닷컴에 따르면 2017년 평균적으로 한 개의 게시물에 17.5개의 해시태그가 사용되었다고 한다. 그중 가장 많이 사용된 해시태그들을 살펴보면 #LOVE(1,119,987,921건), #Instagood(623,087,054건), #fashion(401,577,823건), #OOTD(137,628,624건), #일상(82,922,560건), #daily(53,450,417건), #맞팔(50,558,476건), #데일리(50,470,629건), #소통(47,760,076건), #셀스타그램(41,490,296건), #선팔(32,737,815건) 등이라고 한다. 해시태그는 댓글에서도 똑같이 적용되니 참고하도록 하자. 해시태그를 넣을 때 네이버의 검색광고 사이트에서 조회 수를 분석해 검색어를 찾아보는 것도 좋은 방법이 될 수 있다.

해시태그는 하나의 게시물에 10개 정도를 넣는 것을 추천한다. 해시태그를 넣어서 검색을 해보면 인기 게시물과 최근 게시물로 구분해 검색 결과를 보여준다. 인기 게시물은 해당 해시태그 중 9개를 상위 노출로 보여주는 방식이고, 계정 하나당 하나의 게시물만 인기 게시물에 올라갈 수 있다. 인기가 없는 키워드에서는 중복 게시물이 보여질수 있으나 일반적으로는 하나의 계정당 하나의 인기 게시물이 노출되므로 마케팅을 목적으로 한다면 계정을 여러 개로 나누어 운영하는 것도 노출도를 높일 수 있는 방법이다.

인기 게시물로 올라가는 기준은 해당 게시물이 짧은 시간 내에 얼마나 높은 반응도를 일으켰는가에 따라 결정된다. 반응도란 대부분 좋아요의 숫자라고 보면 된다. 내가 글을 올리고 짧은 시간 내에 좋아요가 많이 늘어나면 반응이 좋은 게시물이라고 판단되어 인기 게시물에 올라가게 된다. 내가 원하는 해시태그를 검색해보고 인기 게시물 9개의 평균 좋아요 숫자를 확인해보면 대략적으로 내가 얼마나 좋아요를 받아야 인기 게시물에 올라갈 수 있을지 예측할 수 있다. 키워드마다 좋아요 숫자가 다를 수 있으니, 본인에 맞는 해시태그를 찾아 확인해보도록 하자.

단시간에 좋아요를 많이 받기 위해서는 팔로워가 많을수록 유리하기 때문에, 인스타그램을 시작하는 단계에서는 인기 게시물보다는 최신 게시글에 게시물이 노출되는 것을 염두에 두고 활용하는 것이 좋다. 예를 들어 외식업이라면 사람들이 음식에 대한 검색을 할 가능성이 높은 시간, 즉 저녁 6시를 전후해서 포스팅을 하는 것이다. 해당 해시태그를 가장 많이 검색할 시간을 파악해 최근 게시물에서 상단에 위치할 수 있도록 포스팅하는 것도 중요한 팁이라고 할 수 있다.

## 나의 팬(팔로워)을 확보하라

SNS 마케팅에 있어서 팔로워를 확보하는 것은 가장 기본이면서도 가장 어려운 부분이기도 하다. 우선 팔로워를 확보하기 위해 잊지 말아야 할 것은 단 하나다. 가만히 있으면 절대 팔로워가 늘지 않는다는 것이다. 사람들이 좋아하는 예쁜 콘텐츠를 올리든, 먼저 다가가 소통을 하든, 일단 행동을 하는 것이 중요하다. 내가 가서 먼저 댓글도 달고 좋아요도 눌러줘야 그 사람들도 다시 내 인스타그램을 방문하게 된다. 하지만 이런 방식으로 팔로워를 늘리다 보면 어느 순간 한계에 다다르는 것을 느끼게 된다. 그럼 지금부터 팔로워를 확보하는 몇 가지 방법들을 살펴보자.

첫째, 해시태그를 활용해서 팔로워를 늘린다. 인스타그램에는 팔로우와 관련해서 선팔, 맞팔, 언팔 등의 용어가 있다. '선팔'은 내가 먼저 팔로우를 하는 것을, '맞팔'은 내가 선팔을 하면 상대방이 팔로우해주는 것을, '언팔'은 팔로우를 해제하는 것을 의미한다. 또 선팔, 맞팔, 언팔 등은 '#선팔맞팔', '#선팔하면맞팔', '#선팔은곧맞팔'과 같은 식으로 인스타그램에서 해시태그로 자주 사용되고 있으니 꼭 기억해두자. 그리고 해당 해시태그를 포스팅에 사용하고, 이러한 해시태그를 사용하는 사람들을 찾아가 내가 먼저 팔로우를 하는 것이다. 팔로잉은 최대 7,500명까지 할 수 있으므로 참고하도록 하자.

또한 하루에 선팔할 수 있는 숫자에 대한 제약도 있다. 너무 많이 눌러버리면 프로그램이라고 생각하고 계정이 정지될 수가 있다. 그렇기 때문에 하루에 약 250명 정도 선에서 팔로우하는 걸 추천한다. 그리고 이렇게 팔로잉을 늘리는 행동은 계정을 만든 지 한 달 이상 된 계정으로 진행하는 것을 추천한다.

둘째, 라이크미 같은 인스타그램 팔로워 늘리기 어플을 활용하는 방법도 있다. 흔히 품앗이 어플이라고도 한다. 주로 사용자가 게시글에 좋아요를 누르거나 팔로우하거나 추천인을 등록하는 식의 활동을 하면 팔로워를 늘릴 수 있도록 도와주는 어플이다. 인스타그램을 사용하면서 함께 사용하면 간편하게 활용할 수 있으니 참고하도록 하자. 내가 다른 사람의 글에 좋아요를 눌러서 코인을 모으면 내 글에 좋아요를 넣거나 팔로워를 늘리는 것이 가능하다. 팔로워가 없는 초반이라도 이런 팁을 활용해 인기 게시물로 글을 등록시킬 수도 있다.

셋째, 이벤트를 실시한다. 이벤트를 통해 팔로우를 유도하거나 다른 사람의 인스타그램 계정을 통해 입소문을 타는 방식으로 팔로워를 확보할 수 있다. 이벤트 방법으로는 원하는 해시태그를 제시한 다음 이를 댓글이나 본인의 계정에 제시한 이용자들 중 추첨하는 방식, 또는 해시태그 제시와 함께 해당 계정을 팔로우한 이용자들 중에 추첨하는 방식 등 다양한 방법이 있다. 중요한 것은 사용자들이 우리의 브랜드나 이벤트를 자신의 인스타그램에 올리도록 만들고, 홍보 계정을 팔로우하게 만드는 것이다. 그 밖에 페이스북, 카카오스토리, 블로그와 달리 자체 공유 기능이 없는 인스타그램의 특징을 살려 별도의 어플을 활용해 공유하도록 만드는 리그램(리포스트) 이벤트도 있다. 이처럼 비즈니스 계정의 글을 일반 사용자들이 퍼나를 수 있도록 만드는 것이 이벤트 활용의 주요 목적이어야 한다.

<<< 슬라이드로 명소 보기

♡ ○ ◁                                           ☐

좋아요 258개

jnto_join_jroute [EVENT] Join J-route Instagram 미니
이벤트!
올 봄, 친구와 함께 가고 싶은 벚꽃 명소는?
일본정부관광국이 추천하는 벚꽃 명소 중에서
친구와 함께 가고 싶은 벚꽃 명소를 댓글에
#해시태그로 남기고, 친구를 @태그해 주세요!
추첨을 통해 30분께 스타벅스 커피기프티콘을 드려요!

⌂   🔍   ⊞   ♡   ●

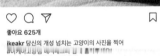

♡ ○ ◁                                           ☐

좋아요 625개

ikeakr 당신의 개성 넘치는 고양이의 사진을 찍어
#이케아고양점 #해시태그 □□ ▌ 흠▌▌▌
추첨을 통해 당첨된 10명에게는
3만원 상당의 IKEA 상품권을,
한명에게는 IKEA 고양점 오픈날 행사에
고양이와 함께 참여할 수 있는 특별한 경험을!
기간: 10/2 ~ 10/15

# 프로필에
# URL을 연결시키고
# 별도의 어플들을
# 잘 활용하기

인스타그램은 일반적으로 게시물에서는 외부 링크를 걸 수 없지만, 유일하게 URL을 통해 외부로 연결시킬 수 있는 부분이 있다. 바로 프로필 공간이다. 단, 오직 하나의 URL만 적을 수 있기 때문에 신중하게 선택해야 한다. 홈페이지를 넣을 것인지, 블로그를 넣을 것인지, 쇼핑몰 페이지를 넣을 것인지, 아니면 상담채널(플러스친구 또는 카카오톡 오픈채팅)을 넣을 것인지 결정해야 한다.

만약 이미 어느 정도 인지도가 있고 즉각적인 상담과 구매가 일어나는 계정이라면 상담채널을 적극 활용하는 것도 효과적인 방법이다. 단, 상담채널을 입력할 때는 URL이 있는 채널들만 넣을 수 있으니 참고하자. 또한 꼭 상업적 계정이 아니더라도 비즈니스 계정으로 전환해보면서 통계 기능들을 활용해 인스타그램에 대해서 분석해보는 것도 좋은 경험이 될 것이다. 프로필 공간에서 별명(이름) 영역은 검색으로도 노출되는 영역이므로 본인이 검색되고 싶은 해시태그가 있다면 이름으로 설정해도 좋다. 매장이 있는 경우에는 비즈니스 계정에 있는 찾아오시는 길 기능을 꼭 사용하도록 하자.

인스타그램은 오픈 소스로 이루어져 있어서 외부 어플들을 잘 활용하기만 한다면 큰 효과를 이끌어낼 수 있다. 그중 가장 활용도가 높은 어플은 나를 팔로워하지 않는 사용자를 볼 수 있는 어플이다. 구글 플레이스토어와 애플 앱스토어에 따라 조금씩 다르지만 대부분 비슷한 이름의 어플로 검색할 수 있다. 필자가 가장 많이 쓰는 언팔 확인 어플로는 '팔로워+', 'InstaFollow', '팔로워인사이트', '언팔로우어' 등의 어플이다. 이 어플들을 이용해 나를 팔로우하지 않는 사용자를 찾아서 언팔할 수도 있다. 또 인스타그램에 올릴 사진을 인스타그램의 사이즈에 딱 맞게 조절해주는 'InstaSize'라는 어플도 있으니 참고해서 활용해보도록 하자.

5부

여전히 무시할 수 없는 블로그 마케팅 파헤치기

# 01

# 검색 엔진 기반의
# 강력한 영향력

## 여전히 강력한
## 블로그 마케팅의
## 매력 포인트

네이버의 블로그 서비스는 2003년 '페이퍼'라는 서비스를 개편하면서부터 시작되었다. 웹(Web)과 로그(Log)를 합성한 블로그(Blog)는 개인의 일상이나 취미 등의 관심사를 작성하는 일기장의 개념이었다. 블로그를 런칭할 당시에는 티스토리를 비롯해 다수의 1인 미디어 서비스가 있었지만, 네이버가 검색 포털사이트의 시장 점유율 1위인 것이 여러 블로그 서비스 중에 네이버 블로그가 안정적으로 자리 잡는 데 큰 도움이 되었다. 자사의 검색 엔진을 통해 검색 결과로 블로그의 글들이 다수 노출되었고, 이를 바탕으로 전문적인 지식이나 정보를 전달하는 주요 1인 미디어로 발돋움했다. 이후 블로그는 대표적인 1인 미디어로서 대한민국 내에서 막강한 영향력을 가진 채널로 성장했다. 현재 기업과 개인 모두 블로그를 마케팅 용도로 적극 활용하고 있으며, 체험단이나 상위 노출과 같은 블로그의 여러 서비스를 대행해주는 에이전시들도 활발하게 활동하고 있다.

블로그의 장점은 누구나 사용하기 쉽고, 비용이 들지 않는다는 점이다. 공유되는 정보도 풍부해 사람들에게 제품이나 브랜드 등에 대한 정보를 검색하고 비교하는 주요 미디어로 인식되어 있어 현재까지도 중요한 마케팅 채널로 인정받고 있다.

또한 검색 노출은 네이버 블로그의 큰 매력 포인트다. 사람들이 네이버를 통해 검색하면 해당 키워드와 관련된 블로그 게시물들이 노출이 됨으로써, 그로부터 마케팅 효과를 기대할 수 있기 때문이다. 단, 네이버의 검색 엔진 자체에서 내 게시물을 평가하고, 노출 순서를 정하는데 이는 검색 결과에 큰 영향을 미친다. 그에 따라 많은 업체들이 방문자가 많은 블로그를 키들인다거나 후보성 글을 많이 올림으로써 페이지가 좀 더 먼저 노출될 수 있도록 애쓰고 있는 형편이다. 그러나 점점 이러한 홍보성 글들이 범람하기 시작하면서 '네이버 포스팅=광고'로 인식되는 경향이 있다.

그럼에도 불구하고 많은 사람들이 여전히 네이버를 통해 검색하는 데 익숙해 있고, 블로그 마케팅은 중요한 온라인 마케팅 수단으로 여겨지고 있다. 다른 SNS 채널과는 다르게 블로그를 운영하는 사람의 의도에 따라 글의 길이와 종류에 제한 없이 포스팅할 수 있고 영상, 사진, 링크 등도 자유롭게 등록할 수 있다. 또 타임라인 형태로 일정 시간이 흐른 뒤에는 이전 글들을 찾기 어려운 SNS 채널들과는 달리 카테고리를 만들어 주제별로 글을 정리해둘 수 있다는 점은 블로그의 가장 큰 장점이다. 다른 사람들과의 댓글을 통해 의견을 교환하고 소통할 수 있는 채널이기도 하다. 따라서 잠재 고객이나 타깃에게 접근하기 쉽다는 점을 무시할 수 없다.

2008년부터는 해마다 파워블로거를 선정해서 관련 분야의 전문가를 선정하는 서비스를 제공했으나, 2016년부터 파워블로거 서비스를 중단했다. 특정 주제에 대한 우수 콘텐츠를 가려내는 데 어려움이 따르는 것도 문제지만, 파워블로거가 상업적인 수단으로 이용되는 경우가 많아지면서 논란이 되었기 때문이다.

## 네이버가
## 언제까지
## 잘될까요?

네이버는 블로그 외에도 많은 서비스를 개발하고 출시해왔다. 지식인, 카페, 포스트 등 여러 서비스가 제공되고 있지만, 블로그에 집중된 광고 효과로 인해 여전히 블로그를 통한 마케팅 욕구가 상당히 높은 편이다. 네이버가 처음 등장했을 당시에는 '네이버에 물어보세요' 라는 카피와 함께 지식인 서비스가 메인 서비스로 인식되었다. 그러다가 많은 사람들이 지식인 서비스의 콘텐츠들을 광고로 인식하고, 좀 더 사적인 후기를 보기 위해 블로그로 이동하기 시작했다. 사실 키워드를 검색하면 네이버 카페나 블로그에서 비슷한 패턴의 글들을 볼 수 있다. 하지만 똑같은 후기성 글과 사진이어도 카페의 게시물은 회원가입과 로그인을 해야 살펴볼 수 있는 데 비해, 블로그 게시물은 특별한 절차 없이도 볼 수 있기 때문에 접근성이 좋은 블로그가 메인 마케팅 채널로 각광을 받게 된 것은 자연스러운 결과다.

간혹 사람들이 '네이버가 언제까지 잘될까요?', '여전히 꼭 해야 합니까?' 라는 질문을 하곤 한다. 그 질문에 대한 나의 답은 늘 한결같다. 네이버에서 찾은 정보들이 광고 같다는 생각이 들고, 다른 채널이 등장할 것 같다고 생각되어도, 지금 이 순간에도 사람들은 궁금한 부분이 있으면 가장 먼저 네이버에 접속해 검색을 하고 있다. 그 많은 사람들이 검색을 하지 않는 순간까지 블로그는 유지해야 한다. 설령 네이버 블로그 이후에 다른 채널이 등장하더라도 새로운 채널은 블로그의 장점을 그대로 흡수하고 거기다 새로운 서비스를 추가하는 정도일 것이다. 그러므로 현재 가장 활발하게 운영되고 있는 블로그를 익숙하게 활용할 수 있어야 새로운 채널로 연착륙할 수 있다.

단, 한 가지를 기억해두자. 새로운 채널이 나온다면, 블로그에서 그 채널로 상당히 빠른 속도로 이동하게 될 것이라는 것만 인식하고 있으면 된다. 새로운 채널이 등장하면 모든 사람들이 처음부터 공평하게 시작하는 것이므로 그때 이동해도 늦지 않다. 향후 몇 년간은 네이버가 건재할 것으로 예상되니 일단은 블로그 마케팅에 집중하도록 하자.

# 02

# 어떻게
# 포스팅을
# 상위에
# 노출시킬까?

무작정 포스팅을
많이 한다고
상위에 노출되지 않는다

네이버 블로그와 검색 엔진을 사용하면서 어떤 글이 상위에 올라오는 것인지 궁금해 했던 사람들이나빈 시급부터 눈어거보길 바란다. 네이버의 검색 엔진이 검색 결과를 구성하는 원리를 이해한다면 자신의 블로그 게시물을 보다 많은 사람들에게 노출시킬 수 있을 것이다. 무작정 글을 많이 올린다고 해서 검색 결과에서 상위에 노출되는 것은 아니다. 먼저 네이버 공식 블로그에서 제시하고 있는 좋은 블로그 포스팅의 가이드라인을 따라 검색 엔진에 대한 이해도를 높여보자.

대부분의 사람들이 블로그를 운영하다가 포기하고 그만두는 이유는 자신의 글이 검색 결과에 쉽게 노출되지 않기 때문이다. 엄밀히 말해서 블로그에는 내가 좋아하고 내가 쓰고 싶은 글이 아니라, 검색 엔진에서 잘 노출될 수 있는 방향으로 콘텐츠를 작성해야 한다. 게다가 네이버의 검색 엔진은 광고나 홍보성 게시물일 경우 이를 걸러내고 있기 때문에, 게시물을 작성할 때 그 점도 잘 고려해야 한다.

예를 들어 컴퓨터를 검색했다고 생각해보자. 그러면 네이버의 검색 엔진은 '컴퓨터'라는 단어가 포함된 모든 문서를 펼쳐놓고, 현재 시점에서 '컴퓨터'를 검색한 사람이 원할 가능성이 높은 글들을 순위를 적용해 1등부터 꼴등까지 줄을 세운다. 바로 이러한 기준을 제시하는 것이 검색 엔진의 알고리즘이다.

## 네이버에서
## 고안한 'C-RANK'
## 프로그램

2016년부터 네이버는 블로그의 크리에이터(저자)가 얼마나 좋은 글을 쓰는지, 그리고 꾸준히 쓰는지를 기준으로 해당 블로그가 얼마나 깊이 있는 양질의 콘텐츠를 생산하는지를 측정하는 'C-RANK'라는 프로그램을 적용하고 있다. C는 크리에이터(Creator)의 영문 첫 글자를 의미한다. C랭크가 적용된 가장 큰 이유는 네이버를 홍보의 목적으로 쓰는 사람들이 많아지기 시작하면서 블로그 콘텐츠에 대한 신뢰도를 위해 최대한 광고를 배제하기 위함이었다. 쉽게 말해 최신 순으로 글을 검색하는 것이 아니라 신뢰도를 바탕으로 순위를 결정하기 때문에 블로그 콘텐츠의 양보다는 질로 승부를 걸어야 하는 것이다.

블로그를 일종의 홍보 수단으로 사용해보려 했던 사람들은 이 대목에서부터 고민스러울 것이다. 사실 대부분의 사람들이 자신의 콘텐츠를 널리 알리고 좀 더 많은 사람들을 자신의 블로그에 유입시키기 위한 목적으로 블로그를 운영할 것이다. 그런데 네이버에서는 블로그를 통해 상품이나 브랜드를 홍보하려는 목적성이 두드러지면 좋은 블로그로 인식하지 않고 검색 노출에서 제외시킨다. 그렇다면 어떻게 블로그를 운영해야 하는 것일까.

먼저 C-Rank 알고리즘의 기본 개념을 할 숙지할 필요가 있다. 이 알고리즘은 블로그가 주제별 관심사의 집중도가 얼마나 되고(Context), 생산되는 정보의 품질은 얼마나 좋으며(Content), 생산된 콘텐츠는 어떤 연쇄반응을 보이며 소비/생산되는지(Chain)를 파악해 이를 바탕으로 해당 블로그가 얼마나 믿을 수 있고 인기 있는 블로그인지(Creator)를 계산한다.

물론 C-Rank 알고리즘은 검색 결과 순서를 결정하는 네이버 블로그 검색 랭킹 알고리즘 중, 출처와 관련된 부분을 계산하는 알고리즘이기에 검색 랭킹을 C-Rank로만 설명하기엔 무리가 있다. 왜냐하면 만약 검색 랭킹에 출처의 인기도만 반영한다면 C-Rank 값이 높은 블로그의 글만 항상 검색 결과 상위에 노출되기 때문이다. 그래서 그동안 C-Rank 알고리즘으로 계산된 값은 블로그 검색 결과에서 매우 제한적인 영향만 미치도록 활용되어 왔다.

이런 블로그의 검색 엔진에 대해서 좀 더 깊이 이해하고 블로그 포스팅을 작성할 필요가 있다. 정성 들여 만든 블로그가 검색이 되지 않거나 검색 순위에서 한참을 밀려나면 그만큼 속상한 일이 없기 때문이다.

# 03

# 노출이 잘되는 포스팅에는 이유가 있다

## 키워드를 사용해 게시물 제목 짓기

블로그의 포스팅을 쓰는 기준에 정답은 없지만, 네이버의 검색 결과에서 주목을 받을 수 있는 콘텐츠 제작을 위한 보편적인 법칙에 대해 다뤄보고자 한다.

먼저, 블로그 게시물의 제목부터 잘 정해야 한다. 첫인상과도 같은 제목이 매력적일수록 콘텐츠에 대한 흥미가 더 생기게 마련이다. 예를 들어 블로그 교육과 관련한 게시물의 제목으로 "블로그 교육 - 공지"라는 제목을 다는 경우와 "블로그 교육 - 받았어요"라는 제목으로 게시물을 작성하는 경우를 생각해보자. 포스팅의 제목에 '블로그'와 '교육' 두 키워드가 노출되는 점은 같지만, 두 개의 글은 콘텐츠의 방향이나 내용이 분명히 달라질 수밖에 없다. 그만큼 포스팅의 제목은 중요한 부분이기에 키워드의 조회 수를 조회해 검색 결과에 유리한 키워드를 제목으로 확보하는 것이 중요하다.

## 게시물의 첫인상을 결정짓는 서론 쓰기

제목을 정했다면, 그 다음은 서론을 적을 차례다. 블로그의 글쓰기는 대부분 서론, 본론, 결론으로 구성된다. 서론에는 앞으로 소개할 내용을 요약하고 글을 쓰는 이유를 배치하는 것이 일반적이다. 예를 들면 "안녕하세요. 정진수 강사입니다. 오늘 비가 와서 날씨가 쌀쌀해졌습니다. 오늘은 날이 추워지면 입으려고 사놓은 카디건에 대해 포스팅하려고 합니다." 이런 식으로 먼저 어떤 내용을 다룰 것인지를 예고함으로써 사람들이 포스팅을 읽을 것인지 말 것인지 판단하게 만든다. 따라서 서론에서는 광고의 느낌을 최대한 배제한 채, 친근하게 접근하면서 어떤 내용을 다룰 것인지 소개하는 것이 좋다.

## 포스팅 하나에
## 몇 장의 이미지를
## 사용하면 좋을까?

포스팅 하나에 들어갈 글과 사진의 분량도 매우 중요하다. 사진은 최소한 7장 이상, 평균 10~20장 정도를 추천한다. 30장 이상의 이미지를 넣으면 포스팅 내용이 길어져 끝까지 읽는 데 지루해질 수 있으므로 15장 정도가 가장 적당하다.

네이버에서 한 번 '부산맛집'이라고 검색해보자. 혹시 고작 사진 한 장만 올라가 있는 포스팅을 본 적 있는가? 아마도 없을 것이다. 네이버에서는 보다 많은 정보가 있는 글을 우선순위로 보여주려고 하기 때문에 어느 정도의 사진과 글이 있어야 앞쪽에 노출될 수 있다. 또 사진만 가득한 포스팅보다는 사진과 함께 동영상을 넣은 포스팅이 검색 결과로 노출될 가능성이 더 높다. 만약 동영상이 없다면 사진을 여러 장 모아서 움직이는 형식으로 만들어 삽입하는 것도 좋은 방법이다. '알씨'능 사진을 움직이는 형식으로 만들어주는 어플도 있으니 이용해보자.

## 제목의 키워드를
## 본문에서도 반드시
## 반복 언급한다

포스팅을 쓰면서 가장 중점을 두어야 할 점은 포스팅의 제목에 썼던 키워드를 본문 내용 중에서도 반드시 언급해야 한다는 것이다. 일반적으로 다섯 번 정도 반복할 것을 권한다. 다음은 네이버에서 '정진수 강사' 라고 검색했을 때의 화면이다. '정진수 강사' 라는 검색어가 진한 글씨로 표시되는 것을 볼 수 있을 것이다.

이것은 네이버의 검색 엔진이 정진수 강사라는 단어를 사용한 블로그를 판단하는 기준이 되며, 진한 글씨로 표시가 된 것은 검색 엔진이 해당 게시물을 검토했음을 말한다. 그러므로 '정진수 강사'라는 주제의 게시물을 노출시키기 위해서는 해당 키워드를 다섯 번 정도는 내용 중에 반복하는 것이 좋다. 만약 내가 '인스타그램 교육'이라는 키워드로 검색되고 싶다면 제목과 본문 내에 '인스타그램 교육'이라는 키워드를 몇 번 이상 반복해서 글을 써보자.

그 밖에 태그 기능도 이용하면 좋다. 포스팅을 쓰고 나면 제일 마지막에 태그를 넣는 공간이 마련되어 있다. 많은 사람들이 태그가 검색의 요소 중 하나라고 생각하지만, 사실상 태그는 검색의 용도로 만들어진 것이 아니다. 태그는 스마트폰에서 모아보기 기능을 제공하고, 블로그 내에서는 책갈피 개념으로 사용된다.

## 카테고리에 맞게
## 게시물 발행하기

포스팅의 내용이 어느 정도 완성되었다면, 이제 글을 발행할 순서다. 발행에 앞서 두 가지를 선택해야 한다. 하나는 카테고리이고, 또 다른 하나는 포스팅에 대한 주제다. 먼저 카테고리는 포스팅을 주제별로 나눌 수 있는 기능이다. 작성한 포스팅의 개수가 그리

많지 않은 초창기에는 큰 의미가 없겠지만, 포스팅이 많아지면 주제를 설정해 각 카테고리별로 분류해 정리하면 보기에 좋다.

하나의 주제를 선택해 카테고리로 만들 경우 네이버에서 선정하는 오늘의 블로그로 뽑힐 확률이 높으므로 카테고리를 잘 분류하는 것이 좋다. 엔터테인먼트, 예술, 생활, 노하우, 쇼핑, 취미, 여가, 여행, 지식, 동향 등 본인의 포스팅에 맞는 주제를 선택하면 된다. 단, 카테고리의 주제를 선택했다고 해도 태그와 마찬가지로 노출에 영향을 미치지는 않으니 참고하자.

글을 다 쓰고 키워드도 넣은 다음, 카테고리와 주제까지 정했다면, 이제 마지막으로 글을 동록하기 전에 댓글허용, 공감허용과 같은 세부적인 내용들을 체크한 후 글을 전체공개 상태에서 발행하면 된다. 자신이 쓴 글은 발행 후 한 시간 이내로 대부분 노출된다.

참고로 포스팅을 발행할 때 댓글과 공감을 허용하도록 설정하는 것이 좋다. 여러분의 블로그를 방문한 사람이 포스팅 내용을 읽다가 궁금한 내용을 물어볼 경우가 있기 때문이다. 또 포스팅의 내용에 만족하고 공감 버튼을 누를 수도 있다. 이렇게 포스팅에 댓글과 공감이 많이 쌓이면 새로운 방문자에게 블로그에 대한 좋은 이미지와 신뢰감을 줄 수 있다. 이제 막 블로그를 시작한다면 댓글로 받은 질문이나 응원의 메시지에 적극적으로 응대하는 습관을 길러두면 도움이 될 것이다. 그중 몇몇은 여러분에게 이웃을 신청하고 다시 찾을 가능성이 높아진다.


## 유사 문서로 검색되면 노출에서 제외됨에 유의하자

블로그의 포스팅을 할 때 유사 문서에 주의해야 한다. 유사 문서는 복사하기, 붙여넣기, 기존에 사용했던 사진 등을 말한다. 네이버 측은 원작자에 대한 보호 차원에서 다른 사람이 쓴 글을 복사해서 붙여넣기 하거나 내가 썼던 글이어도 다른 블로그에서 가져온 게시물은 유사 문서로 체크해 검색에서 제외시킨다. 예를 들어 다음은 '정진수강사' 를 검색했을 때의 화면이다.

검색어를 넣고 검색 결과 중 블로그 탭으로 들어가 보면, 탭 아래에 검색 옵션이 보일 것이다. 보통은 신경 쓰지 않게 마련인 부분이지만 자세히 살펴보면, 검색의 결과를 관련도순과 최신순으로 보여주는 '정렬', 특정 기간에 작성된 글만 볼 수 있는 '기간', 해당 검색어를 전체 글에서 검색하거나 제목에서만 검색하도록 설정하는 '영역' 등의 기능이 모여 있음을 알 수 있다.

이때 유사 문서의 경우에는 기본적으로 제외되는 쪽으로 설정이 되어 있다. 유사 문서 제외로 설정이 된 상태에서 '정진수강사'에 대한 검색 결과를 보면 검색된 게시물의 총 개수는 839건이지만, 유사 문서를 포함한다는 설정을 하고 다시 검색해보면 1,086건의 글이 검색되는 것을 알 수 있다. 즉, 일반적으로는 200여 개의 글이 유사 문서로 처리되어 검색 결과에서 제외되는 것이다. 그러므로 모든 글과 사진은 사용자가 자체적으로 만들고 반복해서 사용하지 않는 것이 가장 좋다.

그런데 만약 블로그에 글을 쓰기 전에 한글이나 워드 프로그램에서 글을 작성해놓고 이를 복사에서 블로그로 붙여넣기를 하는 경우에는 어떨까. 자신이 쓴 것인데 무슨 문제가 되겠냐고 생각하겠지만, 블로그도 네이버의 시스템 안에서 운영되는 시스템일 뿐이다. 외부 프로그램에서 작성한 글을 복사하기와 붙여넣기 하면 모두 유사 문서로 구분된다. 예를 들어 워드 프로그램에서 텍스트를 완성해 이를 네이버 블로그에 붙여넣기 하여 2분 안에 포스팅을 작성해서 게시할 경우, 검색 엔진에서는 이를 게시자가 직접 쓴 글이라고 인식하지 않는다. 네이버 검색 엔진 자체에서 2분 만에 글을 완성한다는 것을 불가능하다고 판단하기 때문이다. 그래서 가능하면 블로그 내에서 직접 쓰는 것이 좋다.

또 같은 사진을 다시 사용해야 할 경우, 몇 가지 팁이 있다. 네이버 캡쳐나 스크린샷 등을 통해서 이미지를 재가공하는 방법이다. 단순히 파일명만 바꾸는 것이 아니라 이미지 수정 프로그램을 활용해 파일의 종류를 살짝 바꿔주면 똑같은 사진이라도 유사 문서로 구분되지 않고 재사용할 수 있으니 참고하도록 하자.

# 04

# 블로그 마케팅 핵심 공략

광고로
인식되지 않는
포스팅

　　네이버의 검색 노출 기준을 파악했다고 해도 아직까지는 어떤 글을 써야 할지 막연할 것이나. 이 색에서 소개하는 것도 100% 정답이 아님을 기억하길 바란다. 다만 지난 10년간 블로그와 다양한 SNS 채널을 운영하면서 얻게 된, 각 채널별 특성을 아우르는 보편적인 마케팅 수단에 대한 노하우를 전하고자 한다. 또 네이버의 검색 엔진에 대한 알고리즘도 임의적으로 운영되어서는 안 되는 부분이기 때문에 정확한 알고리즘 작동 방식은 일반인들에게 알려진 바가 없다.

그럼, 지금껏 필자의 경험을 토대로 네이버 블로그 마케팅의 핵심 공략법을 살펴보자. 네이버에서 광고로 인식하지 않는 블로그는 어떤 블로그일까? 강의 중에 네이버 블로그의 검색 결과로 나온 글들을 수강생들에게 보여주고 실제 후기라고 생각하는지, 광고라고 생각하는지를 물어보면 과반수 이상의 사람들이 광고라고 답한다. 그렇다면 네이버에서 광고를 위해 블로그를 묵인하고 있는 것일까? 아니다. 결론부터 말하자면, 네이버가 싫어하지 않는 방식으로 광고를 하고 있는 블로그들인 것이다.

그러나 블로그를 사용하는 사람들 입장에서는 비용을 들이지 않고 광고를 하고 싶고, 네이버 입장에서는 광고비를 지불하지 않는 광고성 게시글들로 인해 자신들의 서비스 전체가 광고성 콘텐츠로 인식되는 것을 원하지 않는다. 게다가 네이버에는 파워링크 서비스처럼 따로 비용을 지불하고 이용하는 광고 서비스가 분명히 존재한다. 따라서 네이버에서는 자신들의 서비스에 대해 광고라는 인식을 갖게 된 사람들이 피로감을 느껴 플랫폼을 떠나는 것을 막기 위해 광고성 블로그의 활동을 아예 막아버리는 경우도 있다.

# 1일
# 1포스팅은
# 필수!!!

그럼 네이버가 선호하는 블로그는 어떤 것일까? 첫 번째, 네이버는 꾸준하게 운영되는 블로그를 선호한다. 오늘 당장 만든 블로그의 새로운 글을 검색에 노출시키는 것이 아니라 일정 기간 꾸준하게 운영된 블로그의 글을 검색에 노출시키는 것이다. 블로그를 운영해본 사람들이라면 '1일 1포스팅'이라는 말을 접해봤을 것이다. 하루에 하나씩 꾸준히 글을 쓰는 것이 무엇보다 중요하다. 수많은 블로그 중에서 꾸준하고 성실하게 게시물을 등록해가는 블로그를 우선적으로 검색 결과로 노출시켜준다는 말이다. 이러한 과정을 블로그 운영자들 사이에서는 '블로그 최적화'라고 부르기도 한다.

1일 1포스팅으로 최적화를 만들려면 예전에는 45일~2달 정도 지속해서 포스팅을 했어야 하는데, 최근에는 한 분야에 대한 전문성을 중심으로 두고, 해당 분야에 관해 얼마나 많은 글을 발행했는가에 대한 부분에 더 집중하고 있다. 네이버의 검색 기준이 수시로 바뀌고 있어 정확한 수치를 가늠하기는 어렵다. 또한 블로그를 꾸준히 운영하는 것도 중요하지만, 전문성 있는 글과 일상의 글들을 적절히 섞어 운영하는 것이 광고성 블로그로 인식되지 않는 데 효과적이다.

## 검색에 유리한 키워드
## 제대로 선정하기

둘째, 네이버에서 좋은 블로그로 인정했다고 해도 키워드(포스팅 제목)를 제대로 쓰지 않으면 아무런 소용이 없다. 블로그는 포스팅 제목을 검색해 결과로 보여주기 때문에 자신이 어필하고 싶은 것을 반드시 제목에 포함시켜야 한다. 앞서 보았듯 '김치찌개'라는 단어를 쓰게 되면 검색 결과에서는 '김치찌개'를 그대로 보여준다.

따라서 제목을 어떻게 정하는지가 매우 중요하다. 네이버 검색 광고 사이트의 키워드 조회 기능을 적절히 활용하도록 하자. 블로그를 처음 시작할 때는 최대한 조회 수가 적은 키워드부터 사용하는 것이 좋다. 그리고 연관성 있는 키워드를 포스팅 제목에 쓰도록 한다. 예를 들어서 자신이 바지를 파는 쇼핑몰을 운영한다고 하면 키워드는 바지가 아니라 '칠부바지', '반바지추천', '30대청바지' 등처럼 자신에게 맞는 키워드를 세부적으로 분류해 블로그 제목으로 쓰는 것을 추천한다. 메인 키워드는 초창기에 검색도 잘 안 될 뿐더러 검색 결과로 나오더라도 계속적으로 글이 업데이트 되면서 하단으로 밀리므로 이 점을 참고해 키워드를 잡도록 하자.

필자의 경우 온라인 교육을 진행하기 때문에 강의 관련 키워드를 자주 사용한다. '블로그과외'는 조회 수에서 크게 이득될 게 없다는 것을 책의 초반에서 이미 살펴봤다. 이에 다른 여러 가지 키워드를 검색해보았는데, 그렇게 검색해보고 찾은 키워드가 '블로그교육'이다. 그럼 이제 '블로그교육'에 대한 조회 수가 높은 것을 확인했으니 포스팅 제목에 '블로그교육'이라는 키워드를 넣고 글을 쓰는 것이 효과적일 것이다.

# 블로그 운영 시에
# 유의할 사항

마지막으로 블로그를 운영할 때 주의할 점을 살펴보자. 첫째, 블로그의 포스팅 제목은 같은 것을 반복해서 쓰면 안 된다. 예를 들면 "마술카드 – 추천합니다"라는 포스팅을 쓰고 나서 다음 날도 "마술카드 – 타이거덱", "마술카드 – 좋아요" 등과 같이 계속 쓴다면, '마술카드'라는 키워드가 반복적으로 인식되어 네이버에서 광고로 생각할 수 있다. 전문적인 내용을 다루는 포스팅으로 일정 간격을 두어 등록하는 것은 나쁘지 않지만, 단순히 검색의 결과만을 고려해 같은 키워드의 제목으로 지속적인 포스팅을 하게 되면 네이버에서 광고 블로그라고 인식해 검색 결과에 반영시키지 않을 수도 있다.

둘째, 제목에 여러 개의 키워드를 넣는 것은 좋지 않다. 예를 들어 포스팅 제목에 "울산맛집, 울산맛집추천, 울산대게맛집 정진수수산 다녀왔어요"라고 적었다고 가정해보자. 키워드가 울산맛집, 울산맛집추천, 울산대게맛집, 정진수수산 4개의 키워드를 사용한 것이다. 제목에 넣은 키워드는 모두 검색 결과에 노출될 수 있는 요소가 된다. 이렇게 키워드를 너무 많이 넣으면 광고성 블로그로 인식될 수 있으니 제목에 키워드를 너무 많이 넣는 것은 삼가도록 하자. 1~2개 정도의 키워드를 넣으면 좋다. 그리고 최근 메인 키워드가 글 제목 앞쪽으로 배치되는 경향이 있으니 이를 참고해서 글을 쓰면 좋다.

셋째, 하나의 IP로 여러 개의 블로그를 운영하면 안 된다. 예를 들어 자신의 집에서 쓰고 있는 하나의 인터넷 선으로 여러 개의 블로그를 운영한다면 비정상적인 홍보 활동으로 인식되어 블로그가 검색 결과에 노출되지 않는 경우가 있다. 주로 대행사들이 이런 활동을 하고 있어 개인이라도 여러 블로그를 하나의 IP로 운영할 경우, 특정 업체에서 운영하는 것으로 인식할 수 있다. 다만 IP가 바뀐다면 문제가 되지 않는다.

또, 방문자 수가 매출과 비례하지 않는다는 점, 블로그 운영 기간과 방문자 수는 비례하지 않는다는 점을 염두에 두자. 키워드 조회 수가 높고, 자신의 포스팅에 키워드가 잘 반영되어 있다고 해서 당연히 매출이 높아질 것이라고 기대하는 것은 금물이다. 예를 들어 자신이 마술카드와 관련된 블로그를 운영하고 있으면서 맛집과 관련된 포스팅도 함께 진행하고 있다고 생각해보자. 블로그의 방문자들이 마술카드라는 키워드로 방문을 한 것인지, 맛집이라는 키워드로 방문을 한 것이지에 대한 분석 없이, 단순히 블로그의 방문자 수가 높나는 것에만 노취퍼에서는 안 된다는 말이다.

물론 우연히 맛집이라는 키워드로 블로그에 유입되었다가 마술카드라는 정보를 보고 구입할 확률이 없는 것은 아니지만, 매우 희박한 경우이므로 키워드에 대한 이해와 노출, 그리고 글을 쓰는 콘텐츠의 중요성에 대해서 정확히 알고 블로그를 운영해야 한다.

에필로그

이 책을 내면서 하고 싶었던 이야기는 단 한 가지였다. SNS 마케팅은 결코 열심히 하는 것만으로 잘되지 않는다는 것이다. 대부분의 사람들이 SNS 마케팅에 열을 올리고 있다. 장기적인 불경기라는 이유 때문에, 광고비에 할애할 예산이 부족하기 때문에 등 다양한 이유로 SNS 마케팅에 발을 들이고 있다. 하지만 모두 열심히 노력한나고 해서, 빈나이 얼개 냉요 디커는 거만으로는 숭부록 볼 수 없다.

온라인 마케팅에 관한 정보와 노하우도 이미 많이 넘쳐나고 책도 많이 나와 있다. 하지만 이를 현장에 접목시키는 것이 말처럼 쉬운 일이 아니다. 이 책은 내가 직접 다양한 SNS 채널을 운영하면서 느꼈던 부분과 실패의 경험을 토대로 누구나 이해하기 쉽게 노하우로 정리하여 풀어본 것이다.

강의를 하면서 SNS 마케팅을 시작하는 것조차 어려워하는 분들을 많이 보았다. 하지만 오프라인의 강의만으로는 시간이 부족한 것 같고, 각각의 케이스에 적합한 정보를 전달하는 데 한계가 있는 듯해 늘 안타까웠다. 그래서 다시 이렇게 펜을 들어 많은 사람들에게 조금이나마 도움이 되고자 책을 집필했다. 벌써 세 번째다. 출판 시장이 어렵다고 하는데,《인스타그램으로 SNS마케팅을 선점하라》,《실전 인스타그램 마케팅》은 10쇄를 찍을 만큼 독자들의 사랑을 받았고, 대만에 수출이 되기도 했다. 온라인 서점에서는 분야 베스트셀러 반열에 오르기도 했다고 하는데 한편으론 부끄럽기도 하고, 또 한편으로는 내가 의도한 만큼 내용이 잘 전달이 되었는지 고민이 되었다. 이에 좀 더 이해하기 쉽게 내가 지닌 모든 노하우를 전달하기 위해 수정을 거듭해 이 책을 집필했다. 그러한 고민의 결과가 이 책을 읽는 독자들의 머릿속에 있는 SNS 마케팅에 대한 개념을 조금 더 확장시켜줄 수 있기를 바랄 뿐이다.

강의를 하면서 수많은 브랜드와 상품, 사람 들을 만났다. 온라인 마케팅 덕분에 경영이 잘되는 회사도 있고, 특별히 잘되는 이유를 찾을 수 없는 회사도 있었고, 열심히 마케팅을 하는데도 효과를 보지 못하는 회사도 있었다. 이 책이 독자들의 브랜드나 상품의 매출을 반드시 올려줄 것이라고 거창하게 생각하지 않는다. 다만, 이 책이 SNS 채널별 특징과 방향성을 잡을 수 있도록 도움을 줄 수 있다는 것만큼은 확신한다.

　시작이 반이다. 여러분의 브랜드와 콘텐츠에 SNS 마케팅의 방향성과 노하우가 덧입혀진다면, 여러분이 바라고 원하는 성과를 얻을 수 있을 것이다. 시작은 어려울지 몰라도 일정 수준의 궤도에 오르기 시작하면 마케팅의 노하우와 성과는 구르는 눈덩이처럼 거대해질 것이다. 그럼 점점 SNS 마케팅이라는 분야에 재미를 느끼게 될 것이고, 어느 순간 전문가가 되어 있는 자신의 모습을 발견할 수 있을 것이다. 이 책을 읽는 모든 독자분들이 좋은 성과를 내기를 진심으로 바라며, 끝까지 읽어준 독자분들에게 응원의 메시지와 감사의 인사를 전한다.

# SNS 마케팅 한 방에 따라잡기

초판 1쇄 발행 ㅣ 2018년 3월 20일
초판 6쇄 발행 ㅣ 2019년 7월 25일

지은이 ㅣ 정진수
발행인 ㅣ 노승권

주소 ㅣ 경기도 파주시 회동길 354
전화 ㅣ 031-870-1053(마케팅)  031-870-1064(편집)
팩스 ㅣ 031-870-1098

발행처 ㅣ (사)한국물가정보
등록 ㅣ 1980년 3월 29일
이메일 ㅣ booksonwed@gmail.com
홈페이지 ㅣ www.daybybook.com

책읽는수요일, 라이프맵, 비즈니스맵, 생각연구소, 지식갤러리, 사흘, 피플트리,
고릴라북스, 스타일북스, B361은 KPI출판그룹의 단행본 브랜드입니다.